职业教育汽车类专业

新能源汽车
底盘技术

王铨 郭正 陈婧 主编

韩萍 高愿 李宁 副主编

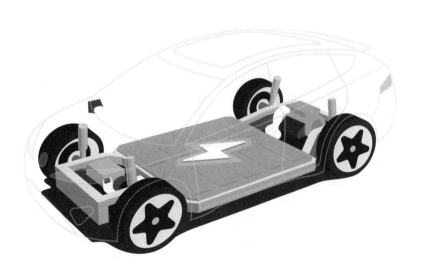

化学工业出版社

·北京·

内 容 简 介

本书从新能源汽车底盘的基本知识和最新技术入手，较为系统地介绍了新能源汽车底盘及其各个部分的基本组成和工作原理，包括新能源汽车的传动系统、转向系统、制动系统等。本书在介绍基本知识的基础上按照检查、拆装及维修进行技能讲解，旨在提升学生的应用技能。本书将新能源汽车和传统内燃机汽车相同的底盘原理、诊断与检修部分保留，并做了技术更新，特别增加了纯电动汽车和混合动力汽车底盘系统的原理与检修内容。本书配套电子课件，可登录化工教育（www.cipedu.com.cn）免费下载使用。

本书适合作为高等职业教育新能源汽车工程技术专业的教材，也可作为新能源汽车行业岗位培训教材或自学用书，还可供工程技术人员学习参考。

图书在版编目（CIP）数据

新能源汽车底盘技术 / 王铨，郭正，陈婧主编.
北京 ：化学工业出版社，2025. 8. --（职业教育汽车类专业新形态教材）. -- ISBN 978-7-122-48409-3

Ⅰ. U463.1

中国国家版本馆 CIP 数据核字第 2025DW6298 号

责任编辑：葛瑞祎　　　　　　　　文字编辑：张　宇
责任校对：田睿涵　　　　　　　　装帧设计：张　辉

出版发行：化学工业出版社
　　　　　（北京市东城区青年湖南街 13 号　邮政编码 100011）
印　　装：大厂回族自治县聚鑫印刷有限责任公司
787mm×1092mm　1/16　印张 11¼　字数 267 千字
2025 年 9 月北京第 1 版第 1 次印刷

购书咨询：010-64518888　　　　　售后服务：010-64518899
网　　址：http://www.cip.com.cn
凡购买本书，如有缺损质量问题，本社销售中心负责调换。

定　　价：36.00 元　　　　　　　　版权所有　违者必究

前 言

随着新一轮科技革命和产业变革孕育兴起，新能源汽车产业进入了加速发展的阶段。我国的新能源汽车产业经过多年的持续努力，技术水平显著提升。为了更好地满足高职院校汽车维修专业的教学新要求，全面提升办学和教学质量，培养更能适应新时代汽车行业发展急需的高技能、高素质人才，编者通过调研企业用人需求、行业发展趋势，与企业技术人员座谈，提取了六个典型学习模块。模块一为新能源汽车底盘构造总体认识；模块二为新能源汽车传动系统的构造与检修，以纯电动汽车传动系统为重点，详细讲解动力传动路线，并介绍混合动力汽车传动方式；模块三为转向系统的结构与检修；模块四为制动器的结构与检修，内容增加了电子助力制动系统；模块五为悬架的构造与检修；模块六为轮胎的检查及换位，以轮胎的参数、轮胎常见损伤为重点。

本教材具有以下编写特色。

第一，知识与技能相结合，注重实践能力的培养。

根据高职院校学生认知规律，教材编写以工作过程为导向，以汽车维修企业典型工作任务为载体，根据工作任务要求，按照维修企业规范操作流程完成教学任务，实现教学任务与维修企业工作任务的无缝对接。

第二，坚持以学生为中心，突出岗位技能育人。

本教材根据新能源汽车维修行业企业的实际需要，确定学生应具备的知识结构与能力结构，在教材内容的深度、难度和广度等方面进行了拓展。本教材突出全面素质培养，坚持能力本位，以企业需求为依据，突出职业教育特色，满足社会对技能型人才的需求。

本教材由王铨、郭正、陈婧任主编，韩萍、高愿、李宁任副主编，时妍妍、孙晴晴、赵亮、赵坤东、任维宸、万雨初参与了部分内容的编写。本教材在编写过程中得到了青岛北方建达集团有限公司的大力支持和帮助，谨此致谢。

新能源汽车技术正处于快速发展的过程中，限于编者能力水平，书中难免有不足之处，敬请读者批评指正。

编者

目 录

学生工作手册

模块一

新能源汽车底盘
构造总体认识

📖 学习目标

1. 掌握新能源汽车底盘的作用、分类和组成。

2. 会使用维修新能源汽车时的安全防护用品。

3. 能对照实物，说出新能源汽车底盘各组成零部件的名称、作用及安装位置。

4. 能正确领会学习任务要求，明确小组角色定位，团队合作进行组内反思和小组间展示交流，解说工作过程，总结出任务实施过程中存在的问题并提出合理的改进措施。

5. 严格执行企业安全生产制度、环保管理制度和7S管理规定。

6. 展示工作成果，进行实训任务评价，总结工作经验，优化检修方案。

📚 建议学时

建议学时：8学时

🌍 大国崛起

随着科学技术的进步，我国汽车生产也迎来了新的发展机遇，新能源技术的出现，让汽车制造逐渐向新能源汽车靠近。在汽车生产制造中，底盘优化设计起到关键性作用。新能源汽车底盘整体布局的优化能够最大限度地发挥出承载作用，关系到整个新能源汽车的性能，直接影响驾驶员使用的体验感，是整个生产过程中的关键。因此，底盘布局是汽车的核心，汽车很多零件都需要利用底盘进行衔接。底盘优化布局能够提升整个新能源汽车的舒适性和安全性。结合实际汽车制造情况，大量的汽车工程师辛勤工作，通过优化底盘布局（图1-1），提升新能源汽车的性能，让其在使用中更具有可靠性。

图1-1　新能源汽车滑板式底盘设计

单元一　新能源汽车的底盘基础

新能源汽车和传统燃油汽车（简称传统汽车）最不同的地方是在能源的使用上，并不是传统的汽油或者柴油，而是电能、油电混合、氢能、天然气等更清洁的能源（图1-2）。这使得新能源汽车既节能又环保，也使新能源汽车广受推崇。新能源汽车按照所使用的能源种类可以分为三种：第一种是只使用电力来驱动的汽车，称为纯电动汽车；第二种是同时使用了电机（电力）和发动机（燃油）来驱动汽车的混合动力汽车；第三种是以氢提供动力的燃料电池车。

(a)纯电动汽车　　　　　　　(b)混合动力汽车

(c)天然气汽车　　　　　　　(d)氢燃料电池汽车

图 1-2　新能源汽车类型

一、传统燃油汽车的底盘设计

在新能源汽车的底盘设计初期，借鉴传统燃油汽车底盘的设计框架，如车架、悬架系统、转向系统、制动系统等，在其他细节处再进行改进微调，如前后轴荷分配、前后制动力分配等。这样不仅可以节约研发经费，而且可以缩短研发时间。

二、传统燃油动力发动机

由于传统燃油汽车的动力总成将会被新型的动力系统所取代，即发动机＋变速器＋减速器的动力总成变为动力电池驱动电机的动力总成，所以，新能源汽车的底盘设计需要在传统燃油汽车底盘（图1-3）的基础上进行一些调整，比如将传统的液压转向助力系统调整为电动转向助力系统，使用电动空气压缩机、真空泵和真空气罐等，以适应动力转向系统、制动系统及空气悬架等相关子系统的动力源需求。与传统燃油汽车动力系统相比，新型的动力系统变化比较大（图1-4），需要科学地调整管路、线束等相关零件，当各个子系统中的零部件设计完成之后，还需要根据底盘整体的布置情况进行校核，从而改进悬架系统的强度，并降低噪声。

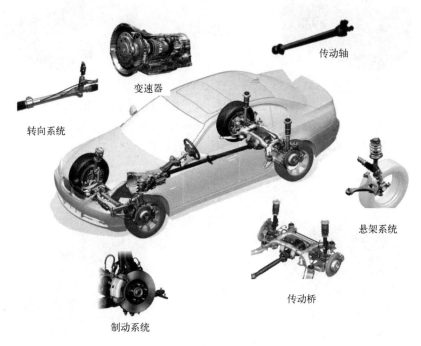

图 1-3　燃油汽车底盘结构

图 1-4　新能源电动车底盘结构

传统燃油汽车中，油箱连接发动机，动力通过变速器传递给车轮。对于纯电动汽车而言，电动机是其唯一的驱动源，电池和电动机分别取代油箱和发动机，动力通过减速器传递至车轮。表1-1所示为传统燃油汽车与纯电动汽车机构功能的对比。

表 1-1　传统燃油汽车与纯电动汽车机构功能对比

传统燃油汽车	纯电动汽车
 油箱 油箱的功用主要是储存油液，为发动机提供燃料，此外还起着散发油液中热量（在周围环境温度较低的情况下则是保持油液中热量）、释出混在油液中的气体、沉淀油液中杂质等作用	 动力电池 动力电池的直接作用是为电动汽车提供动力来源，将电能存储在电池内（转化为化学能）。动力电池总成安装在车体下部
 燃油发动机 燃油发动机的工作原理是通过燃烧气缸内的燃料，产生动能，驱动发动机气缸内的活塞往复运动，由此带动连在活塞上的连杆和与连杆相连的曲柄，围绕曲轴中心做往复的圆周运动，输出动力	 永磁电机 永磁电机采用永磁体转子在电机的磁场中旋转，无需励磁线圈也无需励磁电流。它是以磁场为媒介进行电能与机械能相互转换的电力机械
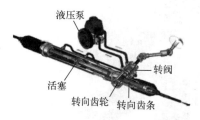 液压转向器 液压动力转向系统的作用是利用发动机的动力来帮助驾驶员进行转向操纵，工作原理是把发动机的能量转换成液压能，再把液压能转换成机械能，然后作用在转向轮上，帮助驾驶员进行转向的操作	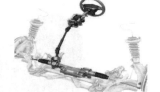 电动转向器 电动转向器是一种通过电机为驾驶员操纵转向系统提供助力的装置。这种助力的大小是由控制器（ECU）通过 PWM 方式输出电流对电机进行控制的。通过控制器的控制可以在驾驶员操纵汽车转向过程中向电机提供最理想的电流，从而控制电机提供最佳的助力进行工作

续表

传统燃油汽车	纯电动汽车
 发动机 ECU 发动机 ECU 就是在一块芯片上集成了微处理器（CPU）、存储器和输入/输出接口的单元。其主要部分是微机，而核心部件是 CPU。其用于电喷发动机上，可以控制燃油喷射量、混合气比例等	控制器 控制器是通过主动工作来控制电机按照设定的方向、速度、角度、响应时间进行工作的集成电路。随着新能源汽车技术的快速发展，新能源汽车拥有越来越多的功能和更好的性能
 空调压缩机 燃油汽车空调压缩机动力是由发动机旋转带动传动带来驱动空调压缩机带轮产生的，压缩机的转速和发动机转速相同	电动空调压缩机 纯电动汽车的电动空调压缩机动力是由装在压缩机内部的电机提供的，取消了前端的驱动轮，增加了驱动电机和单独的控制模块

三、新能源汽车的底盘设计

由于底盘设计中对于子系统的设计使用了新的方案，汽车整体的布局也发生了改变，这样就改变了车辆的前后轴负荷情况及质心位置等。对于开始的设计理念到最后的汽车底盘系统的运用来说，使用创新型的设计会比传统燃油汽车设计更加完善。例如滑板式新能源汽车在底盘上提出了新型的设计理念，彻底颠覆了传统汽车的设计理念与模式。它的设计核心内容为铝制的滑板。它的结构包含了汽车的所有系统设计，比如智能储能系统、推进系统以及制动系统等。除此之外，在设计中还运用到了有线操控技术，从而使底盘的子系统不再使用传统的设计以及制造方式。滑板式新能源汽车在底盘的设计上具有以下几个特点。

① 提高了汽车整体的自由度，在具备平面式的底盘以及车身的情况下，为车身的设计提供了很大的自由度。

② 极大程度上简化了汽车设计的整体流程，且使汽车的重心非常低，提高了汽车的可操作性。

③ 降低了新能源汽车整体的布置难度，增大了汽车内部的利用空间。

单元二   新能源汽车维修安全防护

新能源汽车的高压部分电压为 300～800V，故所需的维修工具和检测设备与传统汽车相比有很大的不同。只有熟练掌握维修工具和检测设备的使用方法，才能进行新能源汽车的检测与维修。

通过本单元的学习，应掌握高压维修车间工位布置要求和新能源汽车维修流程及工具的使用方法，并能将这些应用到工作中。

电动汽车的危险系数很高，在维修过程中必须做好高压安全防护，在进行维修作业时，必须穿戴好绝缘手套、护目镜、安全帽、维修工服和绝缘鞋等个人防护用具。这是职业化形象的具体体现，也是安全生产的具体要求。

一、安全标志

新能源汽车高压维修车间除需满足地面整洁不湿滑、火警应急出口畅通、工具摆放安全方便、电源气源标记清楚、车间管理制度完善、车间文化健全等要求，作为高电压车辆的维修（维护）场所，对于工位还有特殊的要求。新能源汽车必须具有单独的维修工位，当工位上有高电压车辆进行维修（维护）时，要求工位必须铺设绝缘垫，在工位周围必须布置明显的警戒线和警示标志，避免他人未经允许进入高压工位而发生危险。图 1-5 所示为高压工位的警示标志、警示牌、警戒线、绝缘垫。

图 1-5   高压工位

二、绝缘手套

绝缘手套是起电气绝缘作用的一种手套，如图 1-6（a）所示。区别于一般的劳保用安全防护手套，绝缘手套要求具有良好的电气性能（应该能防 1000V 以上的高压）、较高的机械性能及良好的耐老化和耐热性能。

绝缘手套可以使人的两手与带电体绝缘，防止人手触及同一电位带电体或同时触及不同电位带电体而触电。其在现有的绝缘安全用具中，使用范围最广、用量最多。

(a)　　　　　　　　　　　　　　(b)

图 1-6　绝缘手套

1. 绝缘手套标记

根据相关规定，绝缘手套的每只手套上必须有明显且持久的标记，如图 1-6（b）所示，内容包括标记符号、使用电压等级/类别、制造单位或商标、规格型号、周期试验日期栏、检验合格印章、贴有经试验单位定期试验的合格证等信息。

2. 绝缘手套等级

绝缘手套按照不同电压等级可分为多个级别，在进行电动汽车维修作业时，选用级别为 0 的绝缘手套即可满足需求。

3. 绝缘手套的使用要求

① 绝缘手套应按 GB 26860—2011《电力安全工作规程　发电厂和变电站电气部分》中的有关规定进行试验。绝缘手套的试验每半年检查一次，高压绝缘手套试验电压（交流）是 8kV，泄漏电流不大于 9mA；低压绝缘手套试验电压是 2.5kV，泄漏电流不大于 2.5mA。如不符合要求，应立即停止使用。

② 佩戴前还要对绝缘手套进行气密性检查。具体方法：将手套从口部向上卷，稍用力将空气压至手掌及指头部分，检查有无漏气，如有，则不能使用。

③ 使用时应注意防止尖锐物体刺破手套。

④ 使用后注意存放在干燥处，且不得接触油类及腐蚀性药品等。

⑤ 绝缘手套使用前应进行外观检查，如发现有发黏、裂纹、破口（漏气）、气泡、发脆等损坏时禁止使用。

⑥ 进行设备验电、放电操作，装拆接地线等工作时应戴绝缘手套。

⑦ 使用绝缘手套时，应将上衣袖口套入手套筒口内。

三、护目镜

在电动汽车维修工作中，高压部件相互接触时会发出电弧光，温度高、亮度大，会对眼睛造成伤害。因此，佩戴护目镜是必不可少的一种防护措施。护目镜实物如图 1-7 所示。

佩戴护目镜的注意事项如下。

① 选择护目镜应根据脸型判断规格大小。

② 护目镜可调节头带，进而调整与面部的合适程度。

③ 选用的护目镜应是经产品检验机构检验合格的产品。

④ 镜片磨损粗糙、镜架损坏会影响操作人员的视力，此时应及时调换。

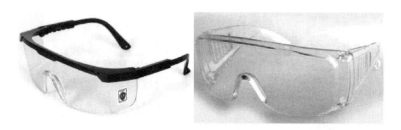

图 1-7　护目镜

⑤ 护目镜要专人使用，防止传染眼疾。

⑥ 焊接护目镜的滤光片和保护片要按规定作业需要选用和更换。

⑦ 防止重摔重压，防止坚硬的物体摩擦镜片和面罩。

⑧ 佩戴护目镜时可以佩戴其他眼镜。

四、安全帽

　　安全帽实物如图 1-8 所示，作为一种个人头部防护用品，它能有效地防止和减轻操作人员在生产作业中遭受坠落物体或自己坠落时对头部的伤害。在高压维修车间作业时，更要认真戴好安全帽，因为安全帽不但可以防碰撞，而且还能起到绝缘作用。作业人员在现场作业时，不得将安全帽脱下、搁置一旁或当坐垫使用。

图 1-8　安全帽

　　对于新领的安全帽，首先应检查是否有劳动部门允许生产的证明及产品合格证，再看是否破损、薄厚不均，缓冲层及调整带和内弹性带是否齐全有效，如不符合规定要求，应立即调换。严禁使用只有下颌带与帽壳连接的安全帽，也就是帽内无缓冲层的安全帽。

　　由于安全帽在使用过程中，会逐渐损坏，所以要定期检查有没有龟裂、下凹、裂痕和磨损等情况，发现异常现象要立即更换，不准再继续使用。任何受过重击、有裂痕的安全帽，不论有无损坏现象，均应报废。

五、绝缘鞋与绝缘垫

绝缘鞋、绝缘垫的作用是使人体与地面绝缘，防止电流通过人体与大地之间构成通路，对人体造成电击伤害，把触电时的危险降低到最低程度，因为触电时电流是经接触点通过人体流入地面的。它还能防止试验电压范围内的跨步电压对人体的危害，所以，电气作业时不仅要戴绝缘手套，还要穿绝缘鞋，如图 1-9 所示。

图 1-9　绝缘鞋、绝缘垫

六、绝缘防护服

在维修电动汽车高电压系统时，须穿绝缘防护服。绝缘防护服可防 10000V 以下电压，具有阻燃、耐热、耐压、耐老化的特点，可以保护操作人员工作安全。如图 1-10 所示，绝缘防护服要求下摆、袖口、裤腿都是可以扣起来的，这样能有效地减小衣服卡入车辆缝隙中的概率，提高作业的安全性。

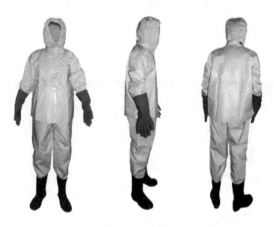

图 1-10　绝缘服

七、维修工装

维修工装如图 1-11 所示，在给新能源汽车维修操作人员提供安全保障的同时，还能反映员工的精神风貌，体现企业的文化内涵，提升企业形象。维修工装有多种面料可供选择，如折叠纯棉纱卡、折叠涤卡、折叠纯棉帆布、折叠府绸、折叠防尘防静电面料等。在电动汽车的维修作业中，应当选择防静电、耐摩擦的面料。而且，维修工装要求是收口的，下摆、袖口、裤腿都可以扣起来，从而可以有效减小衣服卡入车辆缝隙中的概率，提高作业安全性。另外维修工装的色泽以深色为宜。

图 1-11　维修工装

八、绝缘工具

与传统普通型工具相比，专用绝缘工具的绝缘面积大，除了与零部件接触点没有绝缘外，其他地方均进行了相应的绝缘处理。一般绝缘层通常用红色和黄色进行标记。绝缘防护胶柄等均使用耐高压、耐燃材料制作，同时具有防滑功能。新能源汽车涉及的高压部分零部件的拆装必须使用绝缘工具，包括绝缘棘轮扳手、绝缘接杆、绝缘套筒、绝缘螺钉旋具、绝缘耐压钢丝钳、绝缘耐压尖嘴钳等。这些工具可放在一个工具包中，作为新能源汽车的专用工具包，如图 1-12 所示。

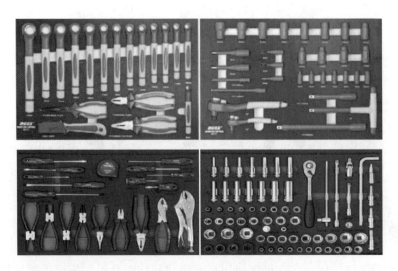

图 1-12　绝缘工具

九、灭火器

电动汽车自燃时，干粉灭火器和二氧化碳灭火器通常是较为适用的选择。灭火器应定期检查，储压式灭火器压力表指针应在绿区，见图 1-13。

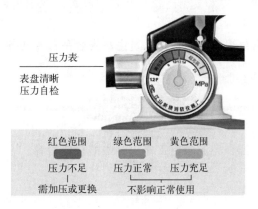

图 1-13　灭火器压力检查

干粉灭火器能够有效地扑灭电气火灾，通过化学抑制和隔离氧气的作用来灭火；二氧化碳灭火器则不会留下任何残留物，对电气设备的损伤较小，见图 1-14。

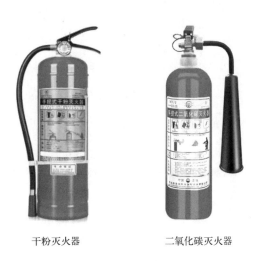

干粉灭火器　　　　　　　二氧化碳灭火器

图 1-14　灭火器

✈ **注意事项**

电动汽车自燃后的紧急处理应遵循的步骤：

① 立即远离车辆：确保人员迅速撤离至安全距离，避免靠近燃烧中的车辆，以防爆炸或其他危险。

② 切断电源：如果可能，尽快关闭车辆的电源，包括拔掉充电插头。

③ 报警求助：立即拨打当地的消防救援电话 119，向消防部门准确报告车辆自燃的地点、火势情况等信息。

④ 疏散周围人员和车辆：防止火势蔓延对周围的人员和其他车辆造成威胁。

⑤ 不要盲目灭火：除非确认自己具备相应的灭火能力和合适的灭火设备，否则不要轻易尝试自行灭火。电动汽车的电池燃烧可能较为复杂且难以控制。

⑥ 协助消防救援：在消防人员到达现场后，积极配合他们的救援工作，提供必要的信息和协助。

在电动汽车自燃的紧急情况下，保障人员生命安全是首要任务。

模块综合实训

根据此模块的学习内容，完成学生工作手册中的相应内容。

模块二

新能源汽车传动系统的构造与检修

学习目标

1. 了解新能源汽车传动系统的作用、分类和组成。
2. 查阅资料，分析新能源汽车传动系统的工作原理。
3. 能对照实物，说出新能源汽车传动系统各组成零部件的名称、作用及安装位置。
4. 查阅资料，明确新能源汽车传动系统故障的检修内容、检修流程及检修方法。
5. 能正确领会学习任务要求，明确小组角色定位，团队合作进行组内反思和小组间展示交流，解说工作过程，总结出任务实施过程中存在的问题并提出合理的改进措施。
6. 严格执行企业安全生产制度、环保管理制度和 7S 管理规定。
7. 展示工作成果，进行实训任务评价，总结工作经验，优化检修方案。

建议学时

建议学时：16 学时

大国崛起

2018 年 3 月 1 日，新能源汽车技术创新中心在北京成立（图 2-1），目的是汇聚国内外资源，提升我国新能源汽车产业核心竞争力，努力打造世界级新能源汽车技术创新高地。新能源汽车的生产、销售、使用方式正在发生全方位转变。面对国际竞争压力和产业变革机遇，应加快推进跨行业、跨领域的协同创新和开放创新，为新能源汽车产业发展提供强劲创新动力。汽车行业汇聚科技精英参与到新能源汽车的研发中，根据新能源汽车的特点，重新设计新能源汽车传动系统、车身等关键系统。几年间，在汽车研发人员的不断努力下，新能源汽车在传动系统、车身方面取得了飞速发展。

图 2-1　北京新能源汽车科技创新中心

　案例引入

　　一辆新能源电动汽车，在行驶时前机舱内部发出"嗡……嗡"声音，随着车速的变快，金属噪声变大。车主将车辆开到维修店进行维修，技术经理首先对车辆进行预检（图 2-2）。

图 2-2　预检车辆

　岗位工作流程

　　① 发现进店车辆时，应立即起身小跑快速站立在接车问诊工位。
　　② 当进店车辆驶入接车工位时，示意车辆停在工位内。
　　③ 当车辆停稳后，如车窗打开或帮车主开门时，应面带微笑。
　　④ 首先表示欢迎："您好，欢迎光临。"
　　⑤ 询问车主此次到店的目的："您是给车做保养还是检查维修？"
　　⑥ 正确填写接车工单（表 2-1）。

表 2-1 接车工单

维修前预检单

接车时间：　　年　　月　　日

客户信息	姓名		联系方式	
车辆信息	车牌号	车型	行驶里程（km）	

检查随车附件，并注明其状况： 良好（√） 有问题（○）	前后车标		备胎	
	点烟器		随车工具	
	内饰划痕		贵重物品	
	车身漆		其他	

外观及内饰：（○♯凹凸，×划痕，△破损）

预检类别： □保养 □保养及维修 □维修 □事故 □索赔 □免费检测	客户故障现象描述：
发生时间	□突然　　　　□（　　）天前　　　　□其他（　　　）
发动机状态	□冷车时　　　□热车时　　　　□其他
路面状况	□平坦路面 □颠簸路面 □上坡 □下坡 □高速公路 □弯道（急/缓）□其他
天气状况	□炎热　　　□寒冷　　□晴天　　□雨天
行驶状况	□低速时（　　）km/h □高速时（　　）km/h □加速时 □减速时
发生情况	□经常　　□有时　　□在原地　　□行驶中　　　□其他
工作状态	□换（　　）挡　　□起步时　　□空调（开/关）□其他
发生部位	□前座　　□后座　　□发动机舱　　□后备厢　　□底盘（前/后）

友情提示：尊敬的客户，请妥善保管好车内的贵重物品，如有遗失，概不负责。

维修技师操作步骤如表 2-2 所示。

表 2-2   维修技师操作步骤

步骤	检查内容	图示
1	选用工具：音诊器、发动机舱三件套	
2	穿戴安全帽、安全鞋、工装、手套；车内安装转向盘套、座椅套、脚垫	
3	接车员坐在车内，将举升机支撑臂安全支撑在车辆下方支撑点	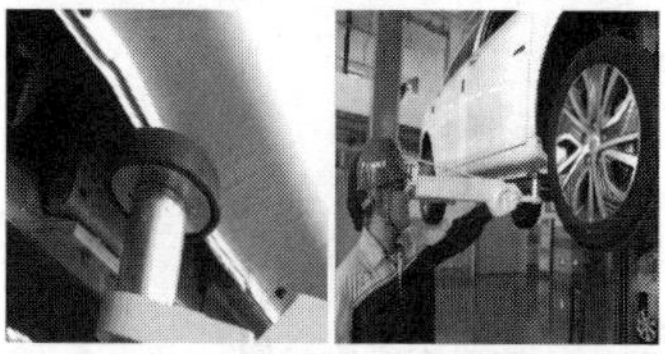
4	确定安全后，将车辆举升到维修人员的身高的高度，落锁。确定安全后方可进入车辆下方检查	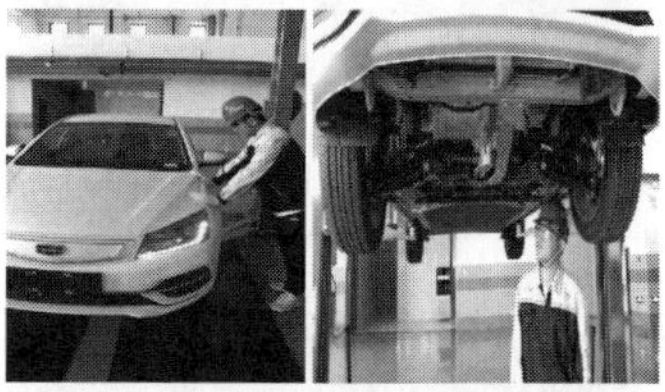
5	确定现场安全，驾驶员启动车辆，将挡位挂到"D"挡，电机驱动车轮旋转	
6	在确定安全的情况下（注意不要碰到旋转的车轮），利用音诊器检查声音产生的位置	
7	音诊器听到减速器轴承位置传来"嗡……嗡"声音，初步判断是减速器轴承损坏	

单元一 纯电动汽车驱动系统

一、纯电动汽车传动方案

纯电动汽车传动系统主要由电气传动系统和机械传动系统组成，见图 2-3，电气传动系统主要由电机和控制系统构成，机械传动系统主要有变速装置和驱动轮。控制系统主要作用是控制电能转化为机械能的速度和转矩大小以及车轮运动轨迹。控制系统接收来自驾驶员通过操作油门踏板输出的信号，信号经过处理后输入电机驱动器，实现控制电机的转速和转矩。然后动力经过变速器传动装置，驱动车轮按照驾驶员操作行驶。

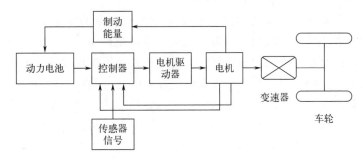

图 2-3 纯电动汽车传动系统

电动汽车传动系统保证电机发出的动力通过传动系统传递到驱动轮；控制电机实现行驶、减速、倒车等功能，保证车辆在各种工况条件下的正常行驶；具有良好的动力性和经济性；转向行驶时，能使左右驱动轮实现差速驱动。

电动汽车传动系统由减速器、差速器、半轴、车轮组成，见图 2-4。

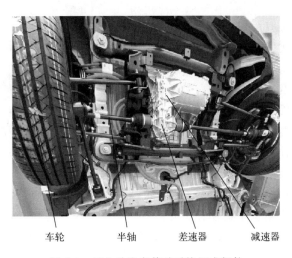

图 2-4 纯电动汽车传动系统组成部件

二、纯电动汽车驱动系统构型

电驱动系统是纯电动汽车的心脏,把电能转化为机械能驱动车辆行驶。它与传统驱动系统的主要区别在于动力源由电机替代发动机。传统驱动系统中的离合器、变速器、传动轴和驱动桥等总成部件在不同类型的电驱动总成中得到了简化。电驱动系统由驱动电机、电机控制器和减变速机构组成,通过高低压线束、冷却管路与整车其他系统连接。其作用是在驾驶员的控制下,高效率地将动力蓄电池的能量转化为车轮的动能,或者将车轮上的动能回收到动力蓄电池中。电驱动系统较传统驱动系统总成具有体积小、功率密度高、布置空间需求小的特点,因此在整车上的布置方式非常灵活,可以很容易地布置在前桥或后桥上以实现前轮驱动、后轮驱动和四轮驱动这三种模式。目前电驱动系统在整车上的布置构型有三种:前置前驱、后置后驱和前后桥双电驱动系统(四驱)。

电动汽车传动装置的作用是将电机的驱动转矩传给汽车的驱动轴。当采用电动轮驱动时,传动装置的多数部件将被取消。因为电机可以带负载启动,所以电动汽车上无需传统燃油汽车的离合器,因此驱动电机的旋转可以通过电机控制器实现变换。所以,电动汽车无需燃油汽车变速箱中的倒挡;当采用电机无级调速控制时,电动汽车可以忽略传统汽车的变速器;在采用电机驱动时,电动汽车可以忽略传统内燃机。纯电动汽车的驱动系统主要包括驱动电机和传动系统,根据驱动电机的分布,传动系统的形式可分为多种不同的构型。

纯电动汽车的驱动方式主要有两大类:集中式驱动和分布式驱动。

1. 集中式驱动

集中式驱动是目前广泛应用于纯电动汽车的一类驱动系统构型,其布置形式所需底盘与燃油汽车底盘相比改动较小,以集中式电驱动总成代替燃油汽车的发动机及变速器,再通过传动系统将动力分配于各驱动车轮上。随着纯电动汽车产业的发展,集中式驱动构型技术也在不断变革。在发展过程中,根据驱动电机个数的不同以及传动系统形式的区别,集中式驱动衍生出了多种不同的驱动系统构型,可满足乘用车、商用车和特种车等多种类型纯电动汽车的动力性需求。

单电机直驱是目前应用较广泛、技术发展相对成熟的一种集中式驱动系统构型。单电机直驱构型结构如图 2-5 所示,主要由驱动电机、固定传动比减速器以及差速器构成。其驱动方式较为简单,驱动电机输出动力,经过减速器将输出转矩放大后传至差速器,最后通过差速器分配给驱动轮。这种构型结构简单紧凑,易于布置,由于不需要换挡,驱动系统的控制也较为简单,在软硬件和成本方面都具有一定的优势。但这种构型的传动系统传动比固定,不

图 2-5 单电机直驱构型结构

能选择变速挡位,因此驱动电机要保证纯电动汽车在起动、加速和爬坡等不同工况下的动力性需求,这就要求驱动电机具备较高的起动转矩和较大的后备功率。

另一种应用范围较广的驱动系统构型是单电机+变速器,其基本结构如图 2-6 所示。

这种构型与单电机直驱构型的主要区别是将固定传动比减速器替换为变速器,在其基础

上增加了多个挡位，通过换挡来满足不同工况下的动力需求。这种构型可满足更多工况下的动力需求，拓宽了驱动系统的转矩及功率输出范围，对整车动力性有较大提升。同时，由于具有多个挡位，其对驱动电机的要求也相对较低。但相比于单电机直驱构型，其结构较复杂、尺寸较大，需要通过电机和变速器的一体化设计等方式来降低布置难度。此外，其控制相对复杂，控制过程中需要综合考虑电机控制及换挡规律、换挡平顺性等问题。总之，单电机＋变速器构型具有更好的动力性，但受结构及控制特点的影响，其成本高于单电机直驱构型。

图 2-6　单电机＋变速器

2. 分布式驱动

近年来，由于纯电动汽车的整车动力性需求有所提升，发展出一种多电机耦合驱动构型。多电机耦合驱动构型种类繁多，各具优势，根据耦合方式的不同，可分为多电机串联耦合驱动（图 2-7）、多电机＋动力耦合装置驱动等多种系统构型。

图 2-7　双电机串联耦合驱动

总体来说，相对于目前广泛应用的单电机直驱构型与单电机＋变速器构型，多电机耦合驱动构型有以下特点。

① 可获得更高的功率及更大的转矩输出范围。

② 通过改变动力耦合方式可实现多种不同的动力特性，适用于更多车型。

③ 控制更加灵活，可通过多电机、多挡位协调控制，将各电机的输出动力进行合成与分解，达到最佳动力性能。

④ 可通过合理、高效的动力分配实现驱动系统能量管理，降低能耗。

由于其结构复杂度高，为保证结构紧凑、降低布置难度，对零部件的加工精度及装配精度也有了更高的要求。同时，其控制难度大，控制策略的优劣将直接影响动力输出，一旦出现控制不合理的情况，各电机就可能互相干涉，影响整车可靠性。

三、机械传动系统

早期的电动汽车都采用机械式传动系统，与传统燃油汽车传动系统结构基本相同，只是用电机（M）取代发动机，包含了离合器（C）、变速器（FG）、主减速器差速器（D）和传动轴等（图 2-8）。这种与传统方案相似的传动系统由于采用了传统燃油汽车的变速器，挡位较多，结构复杂，因此基本上都采用控制简单、转矩小、转速高的驱动电机来满足汽车在不同工况下的行驶要求。传统汽车传动方案已经趋于成熟，电动汽车采用机械传动系统时可直接在现有成熟底盘上直接用电动机代替发动机，设计周期短、改动小、造价低，现有技术条件可批量生产。但这种传动系统面临零件较多、电动汽车总质量增加和较低的传动效率等问题，很难满足电动汽车使用性能要求和整体设计，不能充分发挥电动汽车的优势。因此，这种传动方案只在早期电动汽车上采用，现已逐步被取代。

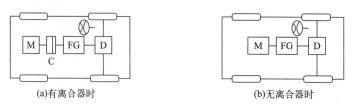

(a)有离合器时　　　　　　　　　(b)无离合器时

图 2-8　纯电动汽车机械传动形式

四、机电集成式传动系统

机电集成式传动系统将电机和传动系统集成在一起（图 2-9），由电机、单级或双级减速器、差速器和半轴组成。其中减速器选用传动比为 8～16 的齿轮机构。这种传动系统的主要优点是体积小、结构紧凑、重量轻、承载能力大、抗冲击和振动能力强、工作平稳、寿命长。

图 2-9　机电集成传动

现在部分车型使用大功率高速行星齿轮的传动机构。其结构复杂，要求制造精度高。相比于其他减速器，行星齿轮减速器具有高刚性、高精度、高传动效率（97%～98%）、高转矩、高体积比、终身免维护等特点。利用这些特点，行星齿轮减速器可用来降低转速、提升转矩、匹配惯量。这种没有传动轴、结构紧凑的传动方案，可方便其他总成的布置，但是整车的通过性较差，维修不便。

五、电动桥传动系统

电动桥传动系统常见结构有两种，一是将驱动电机安装在驱动桥外的方案［图 2-10 (a)］；二是将驱动电机安装在驱动桥内［图 2-10 (b)］。

这种安装差速器的传动方案和传统汽车的传动方案工作原理一样，汽车直线行驶时，差速器不工作，汽车转弯时通过差速器控制左右轮的转速。这种电动桥结构紧凑，机电集成度

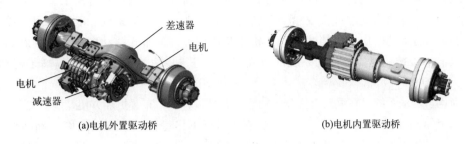

(a)电机外置驱动桥　　　　　　　　　　　　(b)电机内置驱动桥

图 2-10　电动桥传动系统

和传动效率高，整车的布置和结构设计简单。由于汽车行驶工况复杂多变，对驱动电机本身
而言就要求较宽的转矩变化范围，这就要求较高的控制和加工技术，电动桥内部的结构就变
得复杂，成本也随之增加。同时这种高级程度的传动方案维修不方便，一般要采用整体拆装
的方式来维修更换。

六、电动轮传动系统

　　电动汽车轮毂式传动（简称电动轮传动）方式是在车轮轮毂中直接安装电机（图 2-11），
将动力、传动和制动装置都整合到轮毂内，因此使电动汽车的机械部分大大简化。使用高于
传统电动机常规电压的宽范围系列阶梯电压来驱动特制的轮毂电机车轮。轮毂电机汽车由于
其特殊的结构，传统的几大总成都可以省略，整车结构相对简单，传动效率也大大提高，配
备现代电子控制技术，即可满足道路行驶的要求。

图 2-11　轮毂电机

　　分布式驱动构型一直是纯电动汽车领域的研究热点，近年来也开始逐步实现产业化。分
布式驱动是指整车动力需求由多个电机共同满足，且每个驱动电机对单个车轮进行独立驱动
的一类构型。根据驱动电机的分布形式及布置方式，其主要可分为轮边电机驱动构型和轮毂
电机驱动构型。由于分布式驱动构型具有多电机独立控制的特点，其与传统汽车只有单一动

力源的底盘结构形式差别较大，故需要对底盘进行重新设计以满足布置需求。轮边电机驱动构型与轮毂电机驱动构型均可实现单个车轮的独立驱动，其传动系统一般采用固定传动比减速器，也有个别车型应用了多挡变速器。相比其他构型，分布式驱动构型主要特点如下。

① 取消了机械差速器等传动系统的组成部分，进一步缩短了传动链，提高了传动效率，降低了传动噪声。

② 简化了传动系统，在重新对底盘结构进行合理设计后，布置更加方便，能节省更多空间。

③ 每个驱动轮独立控制，不受机械差速器固有工作特性的限制，能更精确地调节驱动轮动力输出，通过多电机协调控制实现电子差速控制、驱动防滑控制和横摆力矩控制等，更容易实现汽车底盘集成控制，能在各种复杂工况下达到更好的整车控制效果，改善车辆的行驶性能和主动安全性。

④ 可实现电动轮制动能量回收的独立控制，与其他驱动系统构型相比，具有更高的能量回收效率，有助于提高纯电动汽车续驶里程。

分布式驱动构型对整车控制策略的要求很高，驱动控制问题尚未完全解决。此外，由于其布置形式的特殊性，必须对底盘进行重新设计，研发制造成本均高于其他构型。轮边电机驱动构型的结构如图 2-12 所示，其驱动电机布置于车轮附近，动力经过固定传动比减速器、驱动半轴传至驱动轮，甚至取消驱动半轴，动力直接通过布置在车轮轮边或车轮内部的减速器进行传递。轮毂电机驱动构型的驱动电机及减速器直接集成于车轮中。与轮毂电机驱动构型相比，轮边电机驱动构型对轴向布置空间的

图 2-12 轮边电机

要求较高，传动链也较长。轮毂电机驱动构型虽然结构十分紧凑，传动链最短，但其驱动电机与传动系统均属簧下质量，可能影响整车的垂向动力学特性。此外，由于电机布置在轮毂内，这种构型对电机的可靠性要求也更高。

以下是三种电动汽车传动方案对比的结果，见表 2-3。

表 2-3 电动汽车传动方案对比

项目	机电集成式传动系统	电动桥传动系统	电动轮传动系统
图片			
设计方案	电机与减速器集成于一体，通过左右半轴进行动力传输	电机与传统驱动桥集成于一体，电机通过齿轮减速增扭后驱动车轮	轮毂电机与驱动桥高度集成，电机直接驱动车轮

续表

项目	机电集成式传动系统	电动桥传动系统	电动轮传动系统
厂商	北汽新能源、比亚迪	比亚迪、长江新能源、美驰	湖北泰特公司
特点	系统效率低，开发成本高，占用空间大，动力电池布置难，整车 NVH（噪声、振动、声振粗糙度）效果好，重量大	节省传动轴、悬架等部件，重量小，成本低，传动效率高，占用空间小，NVH 效果差	传动效率高，体积小，重量轻，能耗低，制动能量回收效率高

单元二 减速器的结构与工作原理

一、减速器传动机构的组成

减速器传动机构主要由齿轮、轴及外壳等零部件组成（图 2-13）。

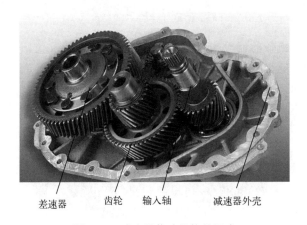

差速器　齿轮　输入轴　减速器外壳

图 2-13　减速器传动机构的组成

二、减速器传动机构的工作原理

减速器的主要功能是将驱动电机的转速降低、转矩升高，以保证驱动电机的转矩、转速满足车辆需求。电动汽车的减速器与传统燃油汽车减速器的功能和原理是一样的。多数电动汽车采用的减速器总成是前置前驱减速器，分左右箱，两级传动结构设计，具有体积小、结构紧凑的特点，采用前进挡和倒挡共用结构设计，整车倒挡通过驱动电机反转实现。减速器传动机构部分是依靠两级齿轮副来实现减速增矩（图 2-14）。

电动机的速度-转矩特性非常适合汽车驱动的需求，纯电动模式下，汽车的驱动系统不再需要多挡位的变速器，驱动系统结构得以大幅简化。

减速器介于驱动电机和驱动半轴之间，驱动电机的动力输出轴通过花键直接与减速器输入轴齿轮连接。一方面减速器将驱动电机的动力传给驱动半轴，起到降低转速增大转矩的作用；另一方面满足汽车转弯及在不平路面上行驶时，左右驱动轮以不同的转速旋转，保证车辆的平稳运行。

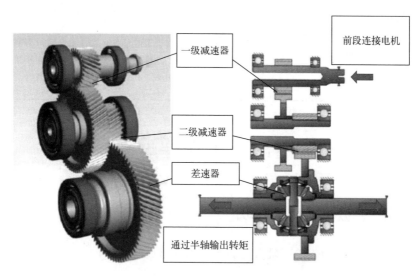

图 2-14　电动汽车使用二级减速器

减速器是利用不同齿数的齿轮啮合传动实现转速、转矩的改变。

减速器是有级式变速机构传动，一般电动汽车使用二级减速器。一对不同齿数的齿轮啮合传动时可以改变转速，而且两齿轮的转速与齿轮的齿数成反比。也就是通过改变不同啮合齿轮的齿数从而得到不同的传动比（图 2-15）。

主动齿轮z_1　从动齿轮z_2　　　主动齿轮z_1　从动齿轮z_2

(a)减速传动　　　　　　　(b)加速传动

图 2-15　齿轮传动机构

设主动齿轮的转速为 n_1，齿数为 z_1；从动齿轮的转速为 n_2，齿数为 z_2。主动齿轮（即输入轴）的转速与从动齿轮（即输出轴）的转速之比称为传动比。

传动比用 $i_{1,2}$ 表示，即

$$i_{1,2}=n_1/n_2=z_2/z_1$$

如图 2-15（a）所示，当以小齿轮为主动齿轮（即 $z_1 < z_2$）带动大的从动齿轮转动时，则输出轴（从动齿轮）的转速降低，即 $n_2 < n_1$，$i_{1,2} > 1$，称为减速传动。

如图 2-15（b）所示，当以大齿轮为主动齿轮（即 $z_1 > z_2$）带动小的从动齿轮转动时，则输出轴（从动齿轮）的转速升高，即 $n_2 > n_1$，$i_{1,2} < 1$，称为加速传动。

这就是齿轮变速的基本原理。

一对齿轮传动只能得到一个固定的传动比，为了减小体积，一般减速器会用两对啮合的齿轮或三对啮合的齿轮来实现转速、转矩的改变。

三、减速器的检查

1. 检查减速器外观

① 检查减速器外壳是否出现裂纹或变形，如果有轻微裂纹，允许补焊修复，但应消除内应力。如果裂纹已贯通两轴孔间则必须更换。

② 减速器壳体结合面应平整严密，垫片应平整无褶皱，装配时应涂密封胶，不得漏油。

③ 减速器壳体结合面平面度不得超过 0.05mm。结合面上的划痕长度不得大于结合面宽度的 2/3，深度不得超过 0.3～0.5mm。

④ 减速器壳体轴孔磨损后，在强度允许条件下，可扩孔镶套修复，但与其相对应的轴孔的平行度、两锥齿轮的垂直度应符合技术文件要求。

⑤ 盖板无裂纹或变形，接触面应平整严密，平面度不得超过 0.3mm。

2. 检查差速器半轴防尘套密封情况

检查防尘套有无破损、漏油，防尘套紧固卡环有无松动。

3. 检查和更换减速器润滑油

润滑油如果使用的是合成油，20 万千米以内是不需要更换的，而若是矿物油就需要 2～3 年或者是 6 万～8 万千米就需要更换了，具体需要参照润滑油说明书。

① 维护保养时，润滑油的检查方法：确认车辆是否处于水平状态，检查油位，检查减速器是否有漏油痕迹，如有，应分析漏油原因，修理漏油部位；拆下油位螺塞，检查油位，如果润滑油与油位螺塞孔齐平，则说明油位正常，否则，应补加规定润滑油，直到油位螺塞孔口出油为止。

② 维护保养时，润滑油的更换方法：在换油前，必须停车断电，水平提升车辆，在升起车辆的状态下，检查油位以及是否漏油，如有漏油，拆下放油螺塞，排放废油；放油螺塞涂上少量密封胶，并按规定力矩（12～18N·m）拧紧；拆下油位螺塞、进油螺塞，按规定型号、规定油量（加注到油位螺塞孔）加注新油；再将油位螺塞、进油螺塞涂上少量密封胶，并按规定力矩拧紧。

四、齿轮的检查

齿轮的检查内容如表 2-4 所示。

表 2-4　齿轮的检查

检查内容	图示
1. 正常磨损 　齿面啮合时的滚动和滑动造成的磨损，磨损程度可能会是中度，会形成光滑的齿面，在节距线附近没有点蚀现象发生。中度磨损，齿顶以及齿根表面有金属损失，节距线保持为连续线	

检查内容	图示
主要的原因有润滑油污染，由于润滑油黏度、齿轮速度和运行温度的限制，通常会在齿轮组的整个设计寿命中发生，特别是当齿轮在边界润滑条件下运作时。通过冷却润滑油、使用较高黏度的润滑油或以较高的速度运行来增加油膜厚度，有时可以减少正常磨损，并通过过滤润滑油中的颗粒物来改善润滑状况	
2. 点蚀 一般的点蚀分初始点蚀及破坏性点蚀 初始点蚀取决于表面接触应力和应力循环次数。初始点蚀直径在 0.4mm 左右，发生在局部应力较大的区域。有时将其称为校正点蚀，因为它倾向于通过逐渐去除高应力接触点来重新分配负载，并且通常在负载重新分配后停止 破坏性点蚀一般发生在驱动轮齿根部，存在金属剥落，出现的凹坑比最初的凹坑大得多。较大的凹坑通常是由更严重的过载引起的，而最初的点蚀无法缓解这种情况。随着应力周期的增加，点蚀将持续到齿廓被破坏为止	
可以通过减少接触压力来缓解点蚀现象，如减轻负荷、优化齿轮设计以及采用高硬度钢，通过打磨来得到光滑的齿轮表面。良好的润滑非常重要，要采用清洁的、适量的、正确黏度的齿轮油来进行润滑	
3. 剥落 剥落是过度磨损或严重负载导致的金属损失，类似于破坏性点蚀，但凹坑较大，相当浅且形状不规则。凹坑的边缘会迅速破裂，形成大的不规则空隙，这些空隙可能会合并在一起。其主要原因是接触应力过高	
补救措施包括减少齿轮表面的接触应力或使材料变硬以增加其表面强度。剥落和破坏性点蚀均表明齿轮没有足够的表面强度，如有可能应重新设计	
4. 塑性变形 如振纹和脊状磨损，是与运动方向成直角的规则波浪状结构，具有鱼鳞外观。它最常发生在齿轮硬化表面，通常只有发展到高级阶段才被认为是表面故障。它通常发生在油膜厚度不足的低速操作中。重复循环中的高接触应力可能会滚动并揉搓表面，从而引起波纹	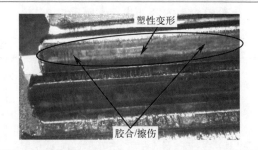 塑性变形 胶合/擦伤
可以通过对轮齿表面进行表面硬化处理、减小接触应力、增加润滑油黏度并使用含有极压添加剂的润滑油来防止起波纹	

续表

检查内容	图示
5. 齿面抛光 可由润滑油中的不溶物导致	
避免抛光现象需要去除润滑油中的磨料，可通过精细过滤实现，如果系统没有过滤功能则需更频繁地换油，或使用较少化学活性的润滑油，因为抗划伤添加剂的化学反应性比较强，会促使抛光的发生	
6. 划伤 齿面金属材料发生焊接（齿面颜色不正常地发暗），表现为轻微的划痕或磨损。划痕磨损可能是中度的、局部的或是破坏性的	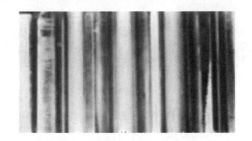
导致划伤的原因通常是啮合区域过热、齿轮轴承对中有问题，以及温度或负载不均匀引起的润滑油膜失效。由此产生的金属接触会导致交替的焊接和撕裂，从而迅速从齿轮表面去除金属。适度的划痕表现为典型的磨损方式，通常出现在齿顶、齿根或两处都有。径向撕裂痕迹通常在较软的区域更为明显。仔细检查后，点蚀结霜的外观表明旋转导致金属焊接并撕裂。局部划痕与中等划痕类似，但发生在轮齿接触区域的集中部分，而不是分布在整个齿宽上	
7. 腐蚀 由润滑油中活性成分的化学作用引起的可见的齿面损坏，主要活性成分是酸、湿气、异物和极压添加剂。润滑油分解后，腐蚀性物质会侵蚀齿轮接触表面。这种作用可能会影响金属内部结构并导致细小、均匀分布的点蚀	
检查润滑油是否发生变质并定期进行更换，可以最大程度地减少腐蚀磨损。具有高抗磨添加剂含量的润滑油由于具有化学活性，必须更加仔细地检查。暴露在盐性水、液体化学物或其他异物中的齿轮应与周围环境隔离开	
8. 重度磨料磨损 重度磨料磨损与中等磨损相同，但是发展速度要快得多，可能会从齿表面均匀地损耗材料，并且在节距线处可能会出现点蚀迹象	

续表

检查内容	图示
正确安装和维护的轴封与排气过滤器可能有助于减少磨损。其他解决方案包括油冷却、更高黏度的润滑油、更高的速度、更低的载荷以及在应用允许的情况下可能减少的振动载荷。磨料磨损表现为搭接表面在齿接触表面上有径向划痕或沟槽。若在新设备或任何开式齿轮装置启动后不久发生这种情况，则通常是润滑系统中有颗粒	
9. 齿面破碎 这是一种表面下的疲劳失效，这种情况发生在表面材料比齿轮内部材料坚硬时，当表面接触应力超过材料的耐用极限时，在接触表面上就会发生一些损坏。齿面破碎初期类似于点蚀，裂纹向轮齿承载面和心部扩展，最终导致齿块完全脱落	
解决方案包括采用更高黏度的润滑油、更高的速度、更低的载荷以及在应用允许的情况下尽可能减少振动载荷	

五、轴承的检查

1. 轴承的检修和判断

为了判断拆卸下来的轴承是否可以使用，要在轴承洗干净后检查。检查滚动道面、滚动面、配合面的状态，保持架的磨损情况，轴承游隙的增加及有无关于尺寸精度下降的损伤、异常。圆锥滚子轴承等分离型轴承，可以对滚动体、外圈的滚道面分别检查。

2. 轴承的清洗

拆下轴承检修时，首先记录轴承的外观，确认润滑剂的残存量，取样检查所用的润滑剂之后，清洗轴承。

3. 清洗剂一般使用普通的汽油、煤油

拆下轴承后进行清洗，分为粗清洗和精洗。清洗时，先将轴承放置在容器内的金属网垫上，防止在清洗轴承时容器中沉淀的污物进入轴承内部。

粗清洗时，如果使轴承带着污物旋转，会损伤轴承的滚动面，应该加以注意。在粗清洗油中，使用刷子清除润滑脂、黏着物，大致干净后，转入精洗。

精洗，是将轴承在清洗油中一边旋转，一边仔细地清洗。另外，清洗油也要经常保持清洁。

4. 轴承如有以下缺陷不能再使用

① 内圈、外圈、滚动体、保持架的任何一个上有裂纹或缺口。

② 套圈、滚动体任何一个上有断裂。

③ 滚道面、挡边、滚动体有显著卡伤。

④ 保持架磨损显著，或者铆钉显著松弛。

⑤ 滚道面、滚动体上有锈、有伤。

⑥ 滚道面、滚动体有严重压痕和打痕。

⑦ 内圈内径面、外圈外径面有明显蠕变。

⑧ 因过热而造成的变色明显。

⑨ 封入润滑脂的轴承，密封圈或防尘盖的破损明显。

六、齿轮油的更换周期

对于初期保养，减速器磨合后，建议行驶 3000km 或 3 个月后更换润滑油，以后进行定期维护。一般来说两年或行驶 4 万千米以内更换齿轮油，两个条件先达到哪个就执行哪个标准，建议以车辆使用说明书推荐的为准。一般情况下，北方使用的齿轮油黏稠度会稍低一些，如 85W 油，而南方则使用黏稠度稍高一些的油。

① 车用齿轮油质量等级型号见图 2-16。

国内标准：我国按质量将汽车齿轮油分为普通车辆齿轮油（CLC）、中等负荷车辆齿轮油（CLD）、重负荷车辆齿轮油（CLE）三种。

美国标准：美国将车用齿轮油按使用性能分为 GL-1、GL-2、GL-3、GL-4、GL-5、GL-6等性能级别，齿轮油外包装上都有相应的级别标识。

② 车用齿轮油黏度等级型号。齿轮油的黏度等级型号是按汽车工程师学会（SAE）黏度分类法分的，可分为 70W、75W、80W、85W、90、140、250 七个黏度级，有"W"标识的是冬用型齿轮油，其他则为非冬季用油，数字代表的是齿轮油在 100℃下的黏度，数字越小，黏度越低，低温性能越好。

齿轮工作条件的苛刻程度是由齿轮的类型及其工作时的负荷和表面滑移速度决定的。普通齿轮传动可选用普通车辆齿轮油，准双曲面齿轮传动则要选用准双曲面齿轮油。如果汽车经常处于高负荷状态下，工作条件苛刻、油温较高，建议选用高型号的齿轮油。

图 2-16　齿轮油型号

【技能训练一】 减速器的拆装与检测

减速器的拆装与检测步骤如表 2-5 所示。

表 2-5   减速器的拆装与检测

步骤	操作内容	图示
1	打开主驾驶门，在主驾驶位置下方找到前机舱把手，打开前机舱	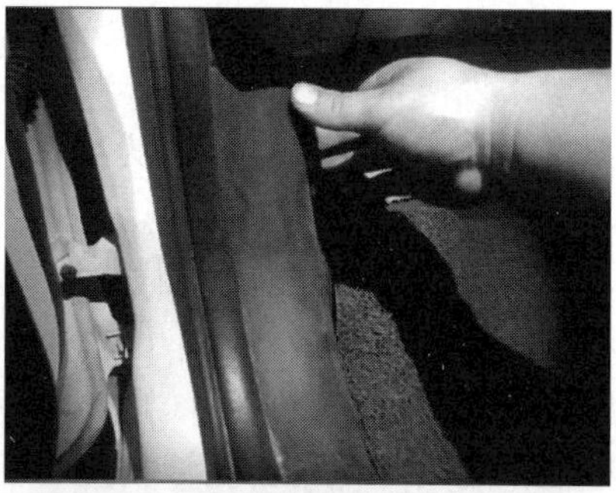
2	用 10 号扳手拧松蓄电池负极螺栓，取下负极连接端子，用胶布将负极端子固定好	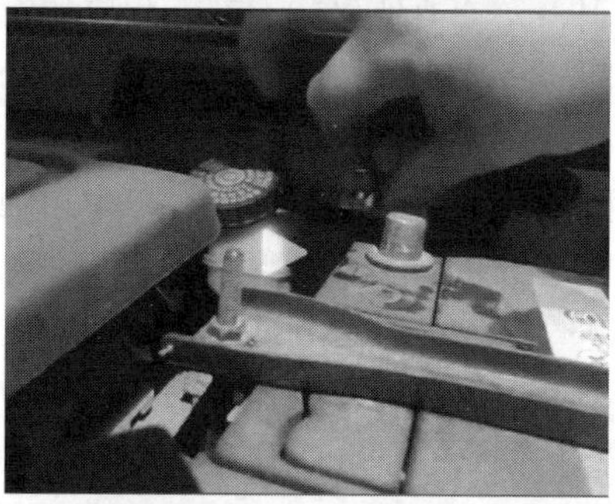
3	根据维修手册要求，找到维修开关，并取下维修开关（注意有部分车辆没有维修开关）	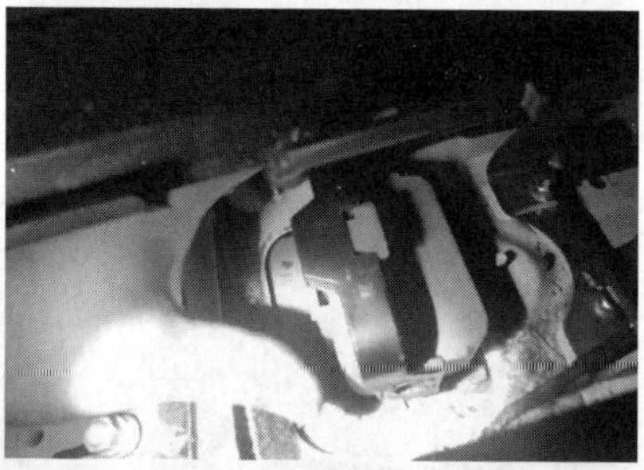
4	利用风炮或轮胎扳手，拧松轮胎螺栓，并取下驱动轮（注意：取下连接半轴的车轮）	

续表

步骤	操作内容	图示
5	检查左右转向羊角与减振器的连接螺栓，如果有锈迹，使用除锈润滑剂喷在螺栓上，静置 3min 后再进行拆卸	
6	使用工具，拆下左右转向羊角上的 2 个螺栓	
7	将左右转向羊角总成向外移出（注意制动软管和下球头）	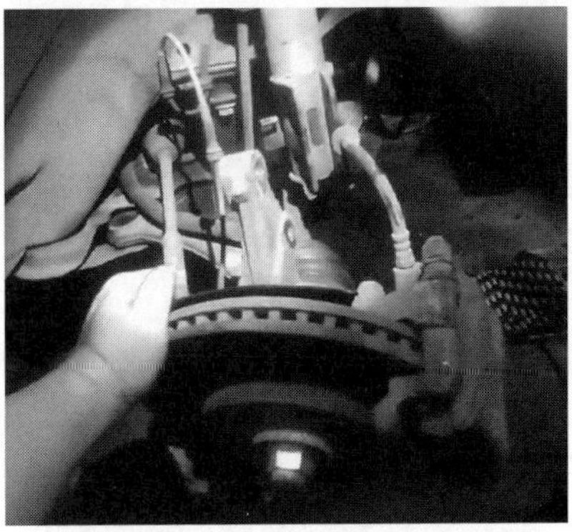
8	使用工具拆下减速器放油螺栓	

续表

步骤	操作内容	图示
9	放出减速器内部齿轮油，将减速器内部的齿轮油收集到废油收集器内	
10	使用撬棍，撬出连接减速器左右两端的内球笼	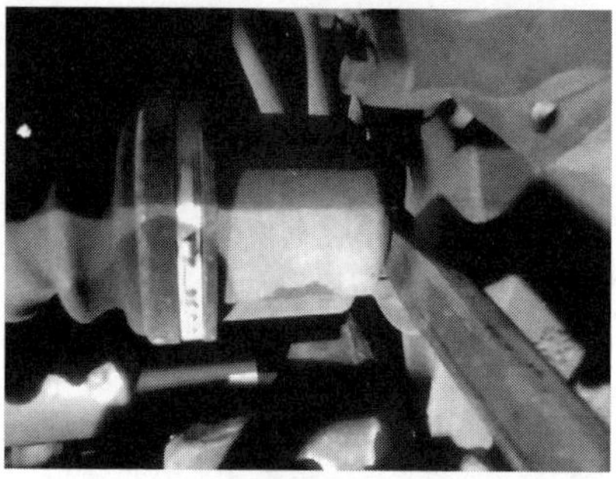
11	拆除半轴。不能用力拉半轴的轴杆，因为会使轴杆从内球笼脱出或者损伤内球笼防尘罩	
12	拆下电机接线柱盖板	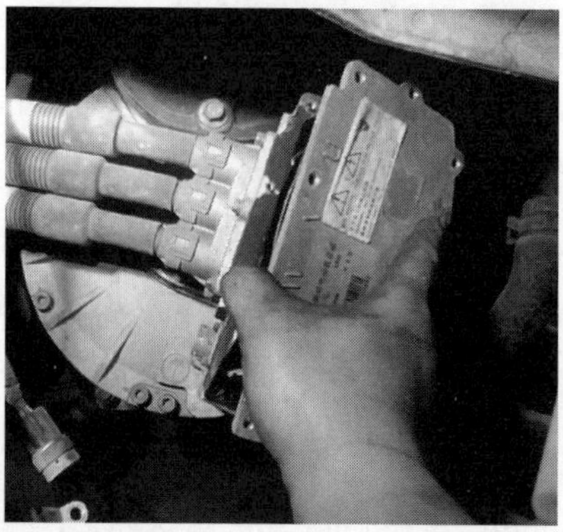

续表

步骤	操作内容	图示
13	拆下 U、V、W 三根电源线固定螺栓；拆下线束总成固定螺栓	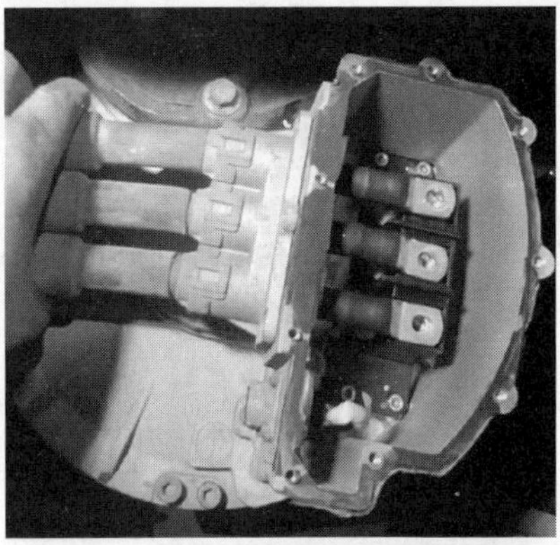
14	使用专用工具（卡簧钳）拆下进出水管上的卡簧，并拔出连接水管，放出电机内部的冷却液，将放出的冷却液收集到容器中（注意：封好进出水口，防止异物掉入）	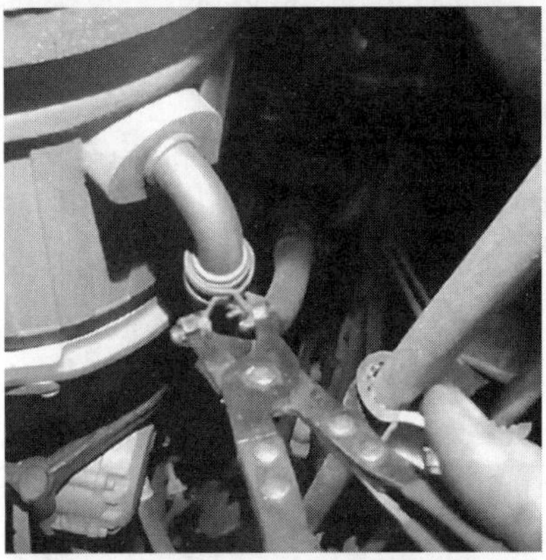
15	拆下连接在减速器上的附属元件（例如图示的空调压缩机）	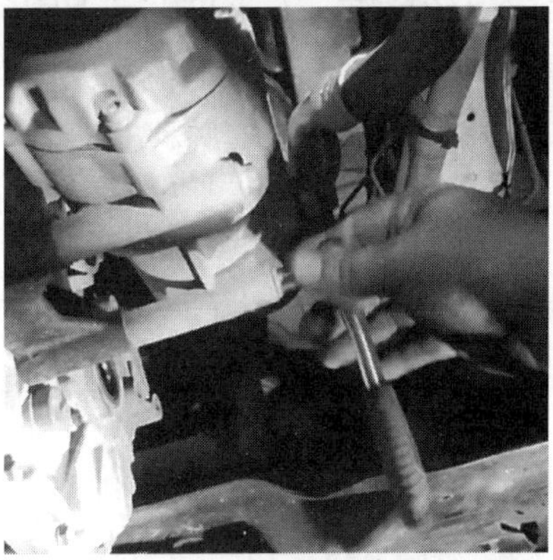
16	拆下下护板支架，使用托架千斤顶顶住电机及减速器，拆下电机和减速器总成	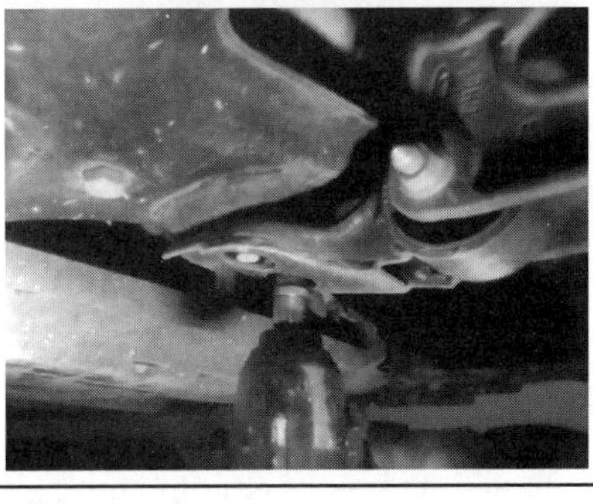

续表

步骤	操作内容	图示
17	使用指针扭力扳手和套筒分 2 次拆下连接电机与减速器的连接螺栓	
18	分解减速器和电机，在分解时可用橡胶锤敲击减速器壳体	

【技能训练二】 减速器分解

减速器分解步骤如表 2-6 所示。

表 2-6　减速器分解

步骤	操作内容	图示
1	使用指针扭力扳手拆下减速器外壳上的螺栓	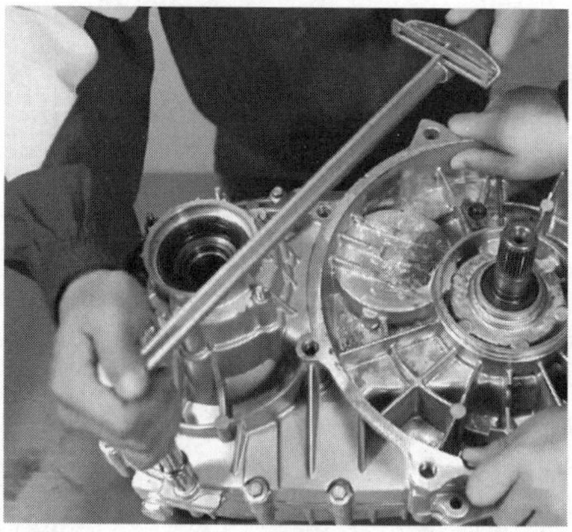

续表

步骤	操作内容	图示
2	使用一字螺丝刀，先将螺丝刀前部缠上胶布，再用螺丝刀撬动减速器外壳	
3	抓住减速器外壳，左右晃动，取下减速器外壳（注意：有的减速器下方会装有磁铁，不要将磁铁掉入减速器内）	
4	取出差速器总成，在拆差速器总成时需脱下棉线手套，防止绒毛进入减速器内	
5	使用套筒和扭力扳手拆下中间轴3颗固定螺栓，并取下中间轴	

续表

步骤	操作内容	图示
6	使用套筒、扭力扳手拆下输入轴上的螺栓，并取出输入轴	

单元三　混合动力汽车驱动系统

一、混合动力汽车动力系统的分类

混合动力是指两种不同动力系统的组合（图 2-17），它们以不同的工作原理工作。目前对混合动力技术的理解是一个发动机和一个电动机组合。电动机可以用作产生电能的发电机、驱动车辆的电动机或发动机的起动机。

混合动力汽车的动力系统结构根据动力源的连接方式，可分为串联结构混动系统、并联结构混动系统和混联结构混动系统；按电机端输出的功率占整个系统输出功率的百分比，可以分为轻度混动系统、中度混动系统和全混动系统。当然混合动力系统的分类方法不止以上两种，目前出现了一种叫作多模混合动力传动系统的概念。

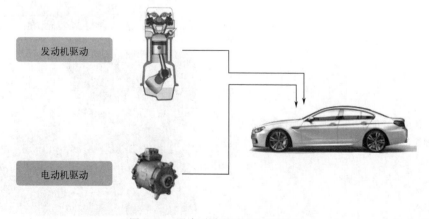

发动机驱动

电动机驱动

图 2-17　混合动力汽车的系统组成

二、混合动力汽车动力系统按连接方式分类

根据系统中两个动力源和动力传递部件之间的连接形式，混合动力汽车动力系统可分为三种结构：串联式、并联式和混联式。

1. 串联式

串联式混动系统主要部件有发动机、电动机、动力电池和发电机。发动机输出的功率不是直接经主减速器驱动汽车行驶的，而是输出到发电机，再经过电动机输出到变速器。发动机以相对稳定的转速在最佳工作点附近工作，通过发电机发电，发出的电能直接供应电动机工作，当发电机发出的功率不足以驱动汽车行驶时，由动力电池组提供不足的功率，一起驱动汽车行驶。

当发动机发出的功率超过正常驱动汽车行驶时的功率需求（如低速、滑行、制动、停车等）时，多余的功率会经由发电机发电，用来给动力电池充电。动力电池就好比一个"水库"，用来调节发动机输出功率与电动机需求功率之间的关系，与发动机联合起来提供车辆行驶需求的功率。串联式混合动力系统结构如图 2-18 所示。

2. 并联式

并联式混动系统主要部件有发动机、逆变器、高压电池和电动机。可以发现，相比于串联式混动系统，该系统并没有发电机这个部件，这是因为有逆变器的存在。该系统的动力传递是：发动机与电动机的输出转矩通过转矩耦合器耦合后，可以单独输出或者耦合后对外输出，驱动车辆行驶。虽然缺少发电机，但是电动机通过逆变器可以反过来作为发电机使用，把多余的功率用来给蓄电池充电。并联式混合动力系统结构如图 2-19 所示。

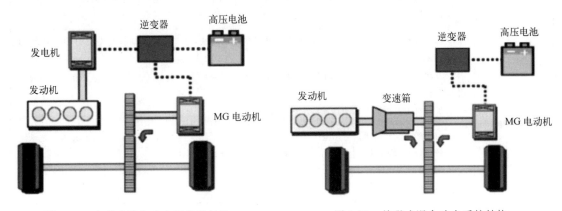

图 2-18　串联式混合动力系统的结构　　　　图 2-19　并联式混合动力系统结构

3. 混联式

混联式混动系统也被叫作串联并联混合系统。它通过转矩耦合器协调控制驱动力传动系统，既可以实现串联驱动模式，也可以实现并联驱动模式。在起步和低速工况下，发动机关闭，由蓄电池提供电能，带动电动机工作，输出动力驱动行驶；在经济行驶速度段，发动机单独提供动力，动力经过转矩耦合器直达车轮，如果有额外的动力，则通过发电机给蓄电池充电；当需要较大的动力（如爬坡、加速等大负荷情况）时，两个动力源一起工作，动力经转矩耦合器耦合后输出到车轮，但是尽量控制发动机的油耗；在下坡等加速过程中，车轮的

转动带动轮系反转，发电机直接发电，而电动机通过逆变器发电，一起给蓄电池充电。由于具有多种工况可供选择，所以在行驶过程中，该系统可以选择最优的工作模式，在满足正常运行的前提下，尽可能地减少燃油消耗、降低污染物的排放。混联式混合动力系统结构如图 2-20 所示。

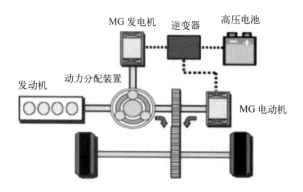

图 2-20　混联式混合动力系统结构

三种不同结构的系统都有各自的优缺点，具体见表 2-7。

表 2-7　三种动力系统的优缺点

类型	优点	缺点
串联式	1. 发动机与电动机是通过电气连接，没有机械连接，所以结构布置起来简单； 2. 发动机基本在稳定区域工作，可以高效运转，排放低； 3. 控制策略简单	1. 动力转换路径复杂，导致效率低； 2. 电机作为直接输出，技术要求高
并联式	1. 发动机和电动机单独或者联合工作，可以选择的模式多，效率高； 2. 发动机经转矩耦合器可以直接驱动汽车行驶，燃油利用率高； 3. 发动机和电动机可同轴布置，系统集成度高	1. 机械耦合复杂，控制策略相对复杂； 2. 虽有转矩耦合器存在，仍需要变速器
混联式	1. 对不同工况都适用，适用范围广； 2. 转矩耦合器相当于自动变速器，减少了变速器部件，减轻汽车质量； 3. 系统传动效率高，有利于能量回收	1. 结构复杂，布置起来难，技术要求高； 2. 控制策略实现困难，开发难度大

三、混合动力汽车动力系统按混合度分类

除了根据部件之间连接的不同分类外，还可以按照混合度将混合动力系统分为以下三种。

1. 轻度混合动力系统

轻度混合动力系统是在传统内燃机上安装了一个启动电机，该电机由带轮驱动（BSG 系统）。该电机主要是用来控制内燃机的工作状态，消除了汽车在启动过程中的怠速，有效

地降低了燃油消耗和排放，但是该电机仅仅起到控制作用，不能为汽车行驶提供额外的动力，因此节油率在 20％以下。代表车型是奇瑞 A5。

2. 中度混合动力系统

中度混合动力系统采用了 ISG 系统。不同于轻度混合动力系统的是中度混合动力系统采用高压电机作为启动电机，虽然系统没有额外的部件增加，但是该系统却增加了一个功能：当发动机动力不足时，电机可以提供额外的功率来驱动车辆，弥补了发动机自身动力不足的缺点，改善了整车的性能。这种混合动力系统的特点是混合程度较高，技术成熟，应用广泛，节油率约为 20％～40％。代表车型是本田 Insight。

3. 全混合动力系统

全混合动力系统采用的也是高压电机启动，但是启动电压为 272～650V，由蓄电池供电。在启动或巡航过程中，电机单独驱动车辆行驶；在大负荷工况或者电池提供的功率不足的条件下，才由内燃机单独或者与电机联合起来驱动车辆。不同于中度混合动力系统，全混合动力系统的混合度更高，节油性能更好，节油率在 40％以上。代表车型有丰田普锐斯、凯美瑞。

单元四　电子换挡系统的类型及原理

一、电子换挡系统的概述

随着科技的发展，使用电子换挡机构替代传统的拉索式机械换挡机构的车型越来越多。外观各异的电子换挡机构（挡杆式、旋钮式、怀挡式、按键式等）为车辆驾驶带来了更多的便利性和安全性，同时也提升了车辆的豪华感和科技感。上汽通用汽车公司的凯迪拉克、别克等部分车型也采用了电子换挡系统（ETRS），与奔驰、宝马、奥迪等豪华车的电子换挡系统工作原理类似，驾驶员可以通过电子换挡杆完成车辆换挡操作，即通过传感器将驾驶员的操作意图转化成电信号，再由换挡执行器驱动变速器的换挡轴进行挡位（驻车挡、倒挡、空挡、前进挡）切换。其核心部件包括电子换挡杆、换挡执行器及控制模块等，而变速器内部的机械和电气构造并没有发生变化。

1. 电子换挡系统优点

与传统机械换挡系统相比，电子换挡系统的优点主要包括以下几点。

① 电子化控制，省去了复杂的机械结构，布置更灵活，节省了车内空间。

② 变速器响应速度更快，增强变速器耐久性，为车辆驾驶带来了更多的便利性。

③ 能提供智能自动保护模式，提升操控安全性。

2. 电子换挡系统缺点

电子换挡系统存在的缺点主要包括以下几点。

① 电子换挡杆在每次操作后会回到同一个位置，驾驶员无法根据换挡杆位置来辨别当前挡位，只能通过指示灯来判断，易发生换错挡的情况。

② 电子部件多，控制复杂，影响因素多，故障检修难度大。

③ 当电子换挡系统出现故障时，大部分电子换挡机构无法对当前挡位进行释放，驾驶员不能自行移动车辆，只能等待拖车或救援。

二、电子换挡类型

1. 旋钮换挡

旋钮换挡（图 2-21）设计也出现在路虎、捷豹、众泰等车型上。这种换挡杆不同于要求驾驶员上下移动的传统设计，它可以尽可能减少驾驶员在操作中所花费的精力。同时，它将占用更少的空间。它不仅便于驾驶员使用，而且在车辆的空间设计上更具优势。

图 2-21　旋钮换挡

2. 按键换挡

按键换挡（图 2-22）的设计是一种罕见的"换挡杆"设计，主要用于本田冠岛、林肯MKC 等车型。这种设计比旋钮设计更简洁，并且在操作简单性方面有很大的优势。因此，这种设计已经成为一种非常有特色的设计，也很难控制。

图 2-22　按键换挡

3. 游艇式换挡杆

游艇式换挡杆（图 2-23）由强调科技感的奥迪首先采用。奥迪不断升级后，换挡杆的形状也具有了飞机操纵换挡杆的含义。这种换挡杆在外形设计上非常创新，驾驶时的感觉非常类似于驾驶游艇和飞机，这种换挡杆较为受欢迎。

图 2-23　游艇式换挡杆

4. "鸡腿"式换挡杆

"鸡腿"式换挡杆（图 2-24）是在宝马车型中广泛使用的换挡杆形式。它根据大小也分为"大鸡腿"和"小鸡腿"。这种换挡杆在外观和驾驶体验上都会更好，赢得了很多驾驶员的喜爱。

图 2-24　"鸡腿"式换挡杆

5. 怀挡式换挡杆

位于转向盘右下方的汽车换挡杆，因换挡时将换挡杆往怀中拨而被称为怀挡（图 2-25）。美国车使用怀挡较多。

其挡位排列模式与普通自动挡的相同。常见的怀挡几乎都是自动挡。我国常见的怀挡车有别克 GL8 以及君威等；德国奔驰也多有采用怀挡的车型，比如 C、E、R、S、ML、GL 等系列；英国劳斯莱斯品牌下的三款在售车型（幻影、古思特、魅影）采用的也是怀挡。

图 2-25 怀挡式换挡杆

三、电子换挡工作原理

比亚迪 E5 在启动时，换挡杆会亮起，其内部装有 5 个 LED 灯（图 2-26）。

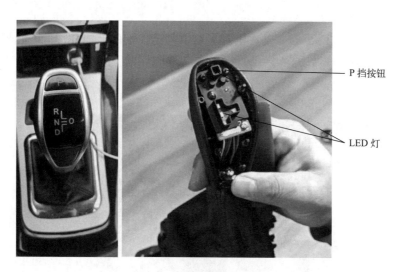

P 挡按钮

LED 灯

图 2-26 换挡杆上端结构

换挡杆显示 "O" 是换挡杆的初始位置，"P" 挡是驻车挡，"R" 挡是倒车挡，"N" 挡是空挡，"D" 挡是行车挡。

其原理是在换挡杆上端放置 2 块强磁铁（图 2-27），在换挡时 2 块强磁铁会移动到单极霍尔效应传感器（IC）上方，这时单极霍尔效应传感器导通，根据导通的信号来判别驾驶员需要的挡位。

比亚迪 E5 换挡机构装有 6 个 S543G 单极霍尔效应传感器（图 2-28），使用霍尔效应的开关来操作。其工作原理如下：当传感器感应出足够强度的正向磁场（通常是 S 极磁场）接近单极霍尔开关时，磁场中的载流子（通常是电子）在洛伦兹力的作用下发生偏移，导致霍尔效应片两侧产生电荷积累。霍尔电压信号被内部电路放大处理。单片机根据不同电信号判断驾驶员选择的挡位，并将信号传递给 ECM 用于控制电机。

图 2-27　换挡杆下端结构

图 2-28　霍尔传感器

四、旋钮换挡原理

北汽 EV 电动汽车多使用旋钮换挡，挡位上多了一个"E"挡，"E"挡跟"D"挡的区别就是开启了能量回收系统。可通过旁边的 E＋和 E－操作选择三种不同的能量回收模式，数字越大能量回收越强。最早旋钮换挡是旋转后停留在挡位上，对应的挡位灯亮。

后期改款的旋钮换挡旋转后回到中间位置，但旋转的力度会有不同。在换挡时，由"N"挡到"D"挡旋转（向右旋转约 20°）时力度较轻，再向右旋转时明显力度增加，并有提示音响起，仪表显示挂入"D"挡。在旋钮中间增加"P"挡，停车后按下旋钮中间按钮后，车辆进入驻车状态（图 2-29）。

图 2-29　旋钮换挡原理

早期的旋钮换挡使用的是光电传感器 TCPT1300（图 2-30），传感器的缝隙宽度为 3.0mm，传感器包括一套面对面安装的红外发射器和检波器，二者之间有一个小缝隙。

当有类似编码轮这样的物体通过发射器和检波器之间的缝隙时（图 2-31），就会将光束遮挡，传感器就能探测到有物体存在。此时，光电传感器将电信号进行转换，传给整车控制系统进行换挡。

光电传感器TCPT1300

传感器包括一套面对面安装的红外发射器和检波器，二者之间有一个小缝隙。当有类似编码轮这样的物体通过发射器和检波器之间的缝隙时，就会将光束遮挡，传感器就能探测到有物体存在

图 2-30　光电传感器 TCPT1300

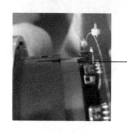

旋钮换挡，旋转的凸缘进入光电传感器，传感器产生信号送到处理器，处理器就能判断驾驶员的意图

图 2-31　换挡信号

【技能训练三】　电子换挡杆拆装

比亚迪 E5 换挡杆拆装步骤如表 2-8 所示。

表 2-8　比亚迪 E5 换挡杆拆装步骤

步骤	操作内容	图示
1	以比亚迪 E5 的换挡杆为例，进行换挡杆的更换	
2	先用撬板沿着黑色的装饰盖板外边缘撬起，并将装饰盖板妥善放置	

步骤	操作内容	图示
3	用撬板沿四周撬起换挡杆上端的装饰盖板，并将装饰盖板妥善放置	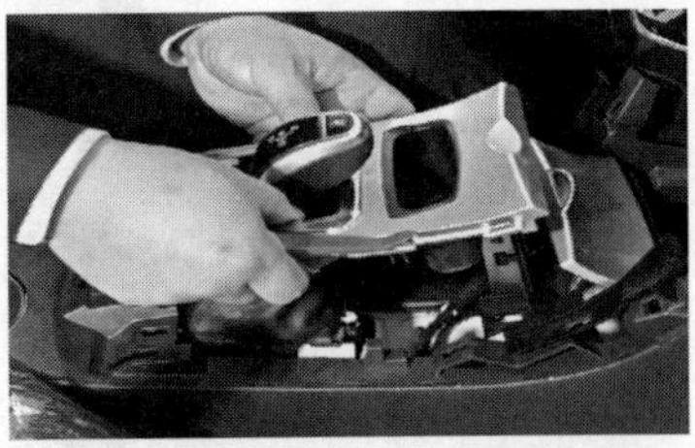
4	打开手扶箱，将内部的 4 颗螺栓拆下，向后移动，拆下手扶箱整体	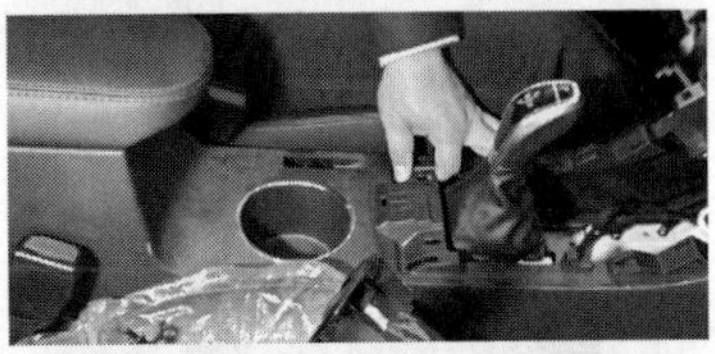
5	这时就能看到换挡机构总成，先将连接插头拔下，用 12 号套筒，拆下换挡机构的 4 个固定螺母	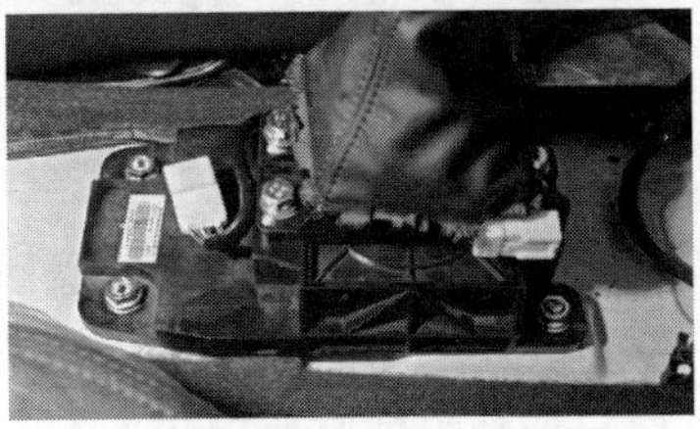

单元五　差速器的结构与工作原理

一、差速器的功用

车辆在拐弯的时候，内侧的车轮走过的路程比外侧的车轮要少。如果左右车轮是一根轴连接的话，转弯的时候会使两侧车轮相互阻碍，不仅使转向的时候不稳定，还会使得轮胎在滚动的时候产生滑动，加速轮胎的磨损。

差速器的功用（图 2-32）是当汽车转弯行驶或在不平路面上行驶时，使左右车轮以不同转速滚动，即保证两侧驱动车轮做纯滚动运动。

差速器是汽车传动系统中重要的组成部分。它主要由差速器壳、行星齿轮轴、两个行星齿轮、两个半轴齿轮、复合止推垫圈等构成。普通的差速器内部是一种行星齿轮机构（图 2-33），其中包括 2 个行星齿轮和 2 个与传动轴相连的半轴齿轮，这 4 个齿轮安装在差速器的内部壳体内，并且相互之间咬合在一起，每个齿轮都咬合着另外 2 个齿轮（每个半轴齿轮都咬合 2 个行星齿轮，而每个行星齿轮又咬合 2 个半轴齿轮），所以只要其中 1 个齿轮转动，势必会牵动其他 3 个齿轮一同转动，而其中 1 个半轴齿轮朝某个方向转动时，另外一侧的半轴齿轮势必会向反方向旋转。这个现象可以通过实验证明，当把车辆的 2 个驱动轮悬空，转动一侧的车轮向一个方向旋转势必会使另一侧的车轮往反方向旋转。

在汽车直线行驶的情况下，由于左右两边的驱动轮受到的阻力大致相同，差速器的输入轴会带动大齿轮旋转，大齿轮连接差速器壳，差速器壳旋转，行星齿轮轴固定在差速器壳

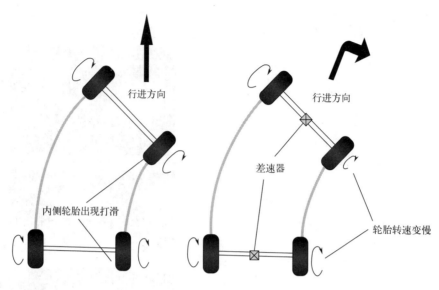

图 2-32　差速器的功用

体，行星齿轮轴旋转带动行星齿轮旋转，行星齿轮左右两边啮合半轴齿轮，此时由于两边所受阻力一致，因此中间的 2 个行星齿轮跟着两边的半轴齿轮转动而不产生自转（图 2-34）。半轴齿轮旋转带动半轴等速旋转。

差速器壳体　行星齿轮　半轴齿轮

图 2-33　差速器

差速器的原理

图 2-34　差速器的原理

　　当车辆进行转弯时，由于一侧车轮行驶的距离会比另一侧的要短，因此一侧产生的阻力变得比另一侧要大，这就意味着行星齿轮转动这一侧车轮时会更加费力，这个平衡遭到破坏，迫使行星齿轮产生自转，使外侧车轮转速加快，从而使车辆得以顺畅地转弯。

　　由于差速器允许两侧车轮以不同的速度进行旋转，那么当车辆驱动轮有一侧打滑，或因剧烈驾驶导致一侧车轮产生离地时，因为差速器的等转矩作用，全部的动力会传送到那个打滑的半轴上，使得打滑一侧的车轮飞快旋转，而另一侧车轮失去驱动力。这样会令车辆陷入困境并且失去可操控性。

　　差速器是将主减速器传来的动力传给左、右两半轴（图 2-35），并在必要时允许左、右半轴以不同转速旋转，使左、右驱动轮相对地面纯滚动而不是滑动。汽车行驶过程中，车轮相对路面有两种运动状态：滑动和滚动。其中滑动又分滑转和滑移两种。当汽车转弯行驶时，内、外两侧车轮绕同一中心旋转，故在同一时间内，外侧车轮驶过的曲线距离显然大于内侧车轮，若两侧车轮固定于同一刚性转轴上，以同一角速度转动，则外侧车轮必然会边滚动边滑移，而内侧车轮却会边滚动边滑转。同样的情形也

图 2-35　差速器的动力传递

会发生在不平路面的直线行驶时，因为此时两侧车轮实际运动的曲线距离仍然会不相等。此外，由于轮胎承载不同、气压不同、磨损不同也会导致各轮胎的滚动半径实际上不可能完全相等，因此，只要各轮角速度相等，即使在非常平直的路面上，车轮对路面的滑动也必然存在。车轮对路面的滑动一方面会加速轮胎磨损，增加动力损耗；另一方面还会影响轮胎与地面的附着，破坏汽车转向、驱动、制动性能。所以，在正常行驶条件下，应使车轮尽可能不发生滑动，差速器的作用就在于此。

二、差速器的类型

差速器的类型如表 2-9 所示。

表 2-9　差速器的类型

类型	图示	具体介绍
普通齿轮差速器		普通齿轮差速器就是没有任何限制，它既可以布置在前后轴间，又可以布置在左右轮间。一般布置在轴间的是直线式差速器，布置在轮间的是锥齿轮差速器。普通齿轮差速器的行星齿轮组没有任何锁止装置，它是汽车正常行驶的必备条件
机械锁式差速器		机械锁式差速器在限滑差速器上进一步改善，在一侧车轮打滑的情况下，触发机械锁合机构将车桥完全锁死，将发动机转矩 100% 传递到有抓地力的有效车轮上，从而提供足够的牵引力帮助车辆驶出困境
多片离合器式限滑差速器		多片离合器式限滑差速器内部一般有两组摩擦盘，一组为主动盘，一组为从动盘。主动盘与前轴连接，从动盘与后轴连接。两组盘片被浸泡在专用油中，二者的结合和分离依靠电子系统控制。多片离合器式限滑差速器拥有反应速度很快、可瞬间结合、电控结合（无需手动控制）等优点

续表

类型	图示	具体介绍
托森自锁式限滑差速器		中文名称为转矩感应式限滑差速器。它可以根据各个车轮对牵引力的需求而分配转矩输出，这样的分配完全靠机械装置来完成，反应迅速而准确。整套系统的核心是蜗轮、蜗杆、齿轮啮合系统，转矩分配则是依靠啮合系统的自锁功能实现的

三、差速器故障常见原因

1. 润滑油不足

润滑油是差速器正常运行的关键。它起到减少摩擦，降低零部件磨损的作用。如果润滑油不足，会导致差速器摩擦增加，温度升高，进而加剧零部件的磨损。因此，定期检查润滑油的量和质量十分重要。

2. 润滑油污染

除了润滑油的量外，其质量也是一个关键因素。如果润滑油中混入了杂质、水分或金属屑等污染物，就会降低润滑效果，加速零部件磨损。在正常使用过程中，及时更换润滑油，避免污染的积累，是保护差速器的有效措施。

3. 长时间高速行驶

差速器在高速行驶过程中，承受着很大的压力和摩擦力。长时间高速行驶容易导致差速器过热，缺乏足够的冷却时间。热胀冷缩过程中的温差会对零部件造成损害，进而导致差速器损坏。因此，在高速行驶后，给予差速器足够的冷却时间是至关重要的。

4. 车辆过载

过载对差速器的磨损是致命的。当车辆超过承载极限时，差速器会承受过大的负荷，导致零部件磨损加剧。因此，合理控制车辆负载，避免超载，是保护差速器的重要措施之一。

5. 不良驾驶习惯

激烈驾驶、猛加速、紧急制动等不良驾驶习惯会对差速器造成不可逆转的损坏。这些行为会增加差速器的工作强度和摩擦，加速零部件的磨损，导致差速器失效。

为保护差速器，延长其使用寿命，驾驶员可以采取以下措施。

① 定期检查差速器润滑油的量和质量，及时更换和补充。

② 定期检查差速器的工作温度，保持正常的运行温度范围。

③ 遵守规定的载重范围，避免车辆过载。

④ 养成良好的驾驶习惯，避免激烈驾驶和紧急制动等过于频繁。

单元六　半轴的结构与工作原理

一、半轴作用

半轴是差速器与驱动轮之间传递动力的实心轴，其内端与差速器的半轴齿轮相连，外端与驱动轮轮毂相接，见图 2-36。

图 2-36　半轴安装位置

汽车半轴也称驱动轴，装在差速器或末端减速器齿轮与车轮之间。它是由两套或一套等速万向节、中间轴（芯轴）及其他零件所组成的，是差速器与驱动桥之间传递较大转矩的实心轴。

汽车半轴内端一般采用花键的方式与差速器的半轴齿轮连接，而外端则通过凸缘盘或花键等方式与驱动轮的轮毂相连。其主要作用是将差速器传来的动力传递给左右驱动轮。

二、半轴的分类

现代汽车常用的半轴，根据其支承形式不同（表 2-10），有全浮式和半浮式两种（亦有分为三种，即全浮式、3/4 浮式、半浮式的说法）。

1. 全浮式半轴

工作时仅承受转矩，两端不承受任何力和弯矩的半轴称为全浮式半轴。半轴的外端凸缘用螺栓紧固到轮毂上，轮毂又通过两个相距较远的轴承装在半轴套管上。

2. 半浮式半轴

半浮式半轴以靠近外端的轴颈直接支承在位于桥壳外端内孔中的轴承上，半轴端部以具有锥面的轴颈及键与轮毂固定连接，或用凸缘直接与车轮轮毂及制动鼓相连接。因此，除传递转矩外，它还要承受车轮传来的因垂直力、驱动力和侧向力引起的弯矩。

半浮式半轴因为结构简单、质量小、造价低，应用于乘用车和部分商用车上。

表 2-10　半轴的结构

图示	具体介绍
 桥壳　半轴　轴承　凸缘	**半浮式半轴**轮毂通过两个跨距较大的圆锥滚子轴承支承在半轴套管上。半轴套管与空心梁压配在一起形成桥壳。半轴内端通过花键与差速器的半轴齿轮相连。这样的连接方式使得半轴易于拆卸，即只需拧下凸缘上的螺栓，便可将半轴抽出，而车轮与桥壳仍能支撑住汽车

续表

图示	具体介绍
 车桥　制动鼓　锥轴承　半轴	**全浮式半轴**是指半轴只承受转矩，而不承受任何弯矩。这样的半轴内侧通过花键与差速器半轴齿轮相连，外侧有凸缘盘，凸缘盘通过螺栓与轮毂固定在一起，而轮毂通过两个圆锥滚子轴承安装在车桥上。这样车轮所受到的各种冲击和振动以及车辆重力的反力，都是由车轮传递给轮毂再传递给车桥，都是由桥壳来承担。而半轴只是将差速器传来的转矩传递给车轮，驱动汽车行驶。全浮式半轴支承结构简单，被广泛应用于反力弯矩较小的轿车上

三、半轴的拆装

1. 准备工作

在进行后桥半轴的拆装前，需要做好以下准备工作。

① 准备所需的工具，包括扳手、套筒、螺丝刀、千斤顶等。

② 选择合适的场地，确保有足够的空间进行拆装操作。

③ 确保汽车处于安全状态，如熄火、开启驻车制动等。

2. 拆卸后桥半轴

拆卸后桥半轴的步骤如下。

① 用千斤顶将车辆抬起，并将车辆稳固地支撑在支架上。

② 拆卸轮胎和制动盘，以便更容易地接触到半轴。

③ 拆卸固定半轴的螺栓，将其取下。

④ 将半轴从变速箱中拔出，并小心地将其放置在安全的地方。

3. 安装新半轴或重新安装旧半轴

安装新半轴或重新安装旧半轴的步骤如下。

① 将半轴对准变速箱的接口，确保其位置正确。

② 将螺栓插入并紧固，以确保半轴与变速箱的连接。

③ 将制动盘和轮胎重新安装。

④ 用千斤顶将车辆放下，并检查半轴是否安装到位。

4. 常见问题及解决方法

在拆装后桥半轴的过程中，可能会遇到一些问题，以下是一些常见的问题及解决方法，见表2-11。

表 2-11　常见问题解决方法

问题	解决方法
螺栓锈蚀，难以拆卸	使用渗透剂，充分浸泡螺栓，再使用扳手拆卸
半轴与变速箱接口对齐困难	使用专用的对中工具，确保半轴与变速箱接口对齐
半轴安装后出现异响	检查半轴的安装是否牢固，螺栓是否紧固。如有需要，可使用扭力扳手进行紧固

单元七　万向节的结构与工作原理

一、万向节的功用和组成

万向节即万向接头，是实现变角度动力传递的元件，用于需要改变传动轴线方向的位置，它是汽车驱动系统的万向传动装置的"关节"部件。万向节与传动轴组合，称为万向传动装置。

新能源汽车不同于传统汽车，新能源汽车电机体积小于传统汽车的发动机，所以布置灵活，基本取消了传动轴的使用。如果新能源汽车设计为前驱，电机就会布置在车辆的前方；新能源汽车设计为后驱，电机就会布置在车辆的后方；新能源汽车设计为四驱，电机可以分别布置在车辆前方和后方，见图 2-37。

(a)电机前置前轮驱动　　　　　　(b)电机后置后轮驱动

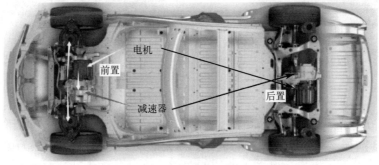

(c)电动汽车四轮驱动

图 2-37　电机布置

当车辆行驶在不平坦的路面上时，悬架系统会吸收和减缓路面带来的冲击和振动，使车辆平稳地行驶。电机及减速齿轮固定在车架上，车轮会随着路面上下跳动，半轴一端连接电机减速齿轮内部的差速器，一端连接着车轮，这时的半轴就会以电机为中心做摆动和转动。因为半轴为刚性连接，无法改变长度，这就需要在半轴内端安装内球笼（即内球笼式万向节）。内球笼能伸缩以适应电机到车轮毂之间的长度变化，保证电机输出的转矩能传递到车轮上。如果车辆是电机前置前轮驱动，球笼式万向节还要保证前轮既是转向轮又是驱动轮。

二、球笼式万向节

现在乘用车多使用球笼式万向节，见图 2-38。球笼式万向节的结构相对简单，它通常由球形壳、行星套、球笼和钢球组成。行星套固定在一端的半轴上，而球形壳则与另一端的输出轴相连。球笼则位于两轮之间，并在轮系上的各个轴向上自由旋转，以允许不同角度下的转向运动。

当传动轴转动时，行星套带动球笼一同旋转。球笼上的钢球与球形壳相互咬合，使其也一同跟随行星套旋转。由于球与球之间和球与笼子之间的接触面积较小，因此在转动时会产生一定的滑动，但滑动量较小，摩擦力也不会影响到传动效率。

当外轮发生角偏移时，由于球笼和行星套的限制，球笼只能沿着轮系的轨迹进行受力。同时，由于行星套和球笼的配合，球笼可以自由旋转，在转向运动时不会阻碍行星套的旋转。球形壳中心轴与行星套轴之间的夹角越大，球笼旋转的角度也越大，可明显提高万向节的转向角度。

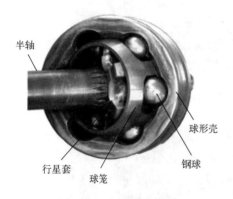

图 2-38　球笼式万向节

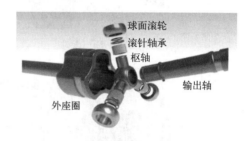

图 2-39　内球笼式万向节

内球笼式万向节（图 2-39）作为汽车传动系统中的一个重要部件，负责将发动机的动力从变速器传递到车轮，从而驱动汽车行驶。内球笼的设计允许它在一定范围内向内和向外滑移，以适应传动轴在车辆运动时产生的长度变化，这种滑移式设计有助于减少噪声和提高性能。

三、球笼式万向节更换

① 准备工作：首先，使用举升机将汽车升高到一个安全的环境中进行操作。接着，拆卸半轴的锁紧螺母，这是拆装球笼的第一步。

② 拆卸内球笼：松开内球笼的六个固定螺栓，移除控制臂球头，同时注意保护防尘套，防止损坏。

③ 分离半轴与球笼：移除半轴，松开球笼防尘套两侧的卡箍，检查防尘套是否磨损严重，如有必要则进行更换。

④ 分解球笼：使用工具如铜锤和卡簧钳，将球笼与外座圈分开，取出内座圈、球笼和

钢球，确保各部件清洁。

⑤ 检查与更换：仔细检查所有部件，若发现磨损迹象，必须更换球笼总成以确保万向节的性能。

⑥ 重新装配外球笼：在滚道上涂抹球笼油，确保内外球笼正确对齐，然后安装钢球，确保球笼内充满油。

⑦ 安装内球笼：同样在滚道上涂油，确保内外座圈正确安装，内球笼的倒角面向外，保证球笼油的分布。

⑧ 装防尘套与半轴：将防尘套安装回原位，外卡簧式半轴需更换卡簧，并确保牢固地固定。

模块综合实训

根据此模块的学习内容，完成学生工作手册中的相应内容。

模块三

转向系统的结构与检修

学习目标

1. 了解转向系统的作用、分类和组成。
2. 能查阅资料，分析转向系统的工作原理。
3. 能对照实物，说出转向系统各组成零部件的名称、作用及安装位置。
4. 能查阅资料，明确转向系统故障的检修内容、检修流程及检修方法。
5. 能正确领会学习任务要求，明确小组角色定位，团队合作进行组内反思和小组间展示交流，解说工作过程，总结出任务实施过程中存在的问题并提出合理的改进措施。
6. 严格执行企业安全生产制度、环保管理制度和7S管理规定。
7. 展示工作成果，进行实训任务评价，总结工作经验，优化检修方案。

建议学时

建议学时：8学时

工匠园地

劳模制造　必是精品

　　艾爱国是第一位从湘钢走出来的焊接大师。从世界最长跨海大桥——港珠澳大桥，到亚洲最大深水油气平台——南海荔湾综合处理平台，这些超级工程中都活跃着他的身影；从助力中国船舶制造业提升国际竞争力，比肩世界一流水平，到突破国外企业"卡脖子"技术，填补国内技术空白，都离不开他的焊接绝活。他凭借一身绝技，执着追求，50余年坚守焊工岗位，为冶金、矿山、机械、电力等国家重点行业攻克400多项焊接技术难题，改进焊接工艺100多项。他于2021年被中共中央授予"七一勋章"。

案例引入

　　一辆新能源电动汽车，在启动车辆后，中控屏显示转向机构故障，车辆行驶时转向无助力、转向沉重。驾驶员将车辆开到维修店进行维修，技术经理首先对车辆进行预检（图3-1）。

图 3-1 预检车辆

 岗位工作流程

① 首先询问驾驶员车辆信息，判断转向系统的类型。

② 如果是液压转向器，首先检测助力油液位。

③ 启动发动机，听转向助力泵是否有异响。

④ 如果是电子转向器，需要连接解码仪进行检测。

维修技师操作步骤见表 3-1。

表 3-1 维修技师操作步骤

步骤	检查内容	图示
1	选用工具：发动机舱三件套、解码仪	
2	穿戴安全帽、安全鞋、工装、手套；车内安装转向盘套、座椅套、脚垫	
3	将蓝牙诊断接口连接到车辆的 OBD 接口	

步骤	检查内容	图示
4	打开主机，进入诊断系统，检测显示 EPS 电机故障	
5	转动转向盘，确定无助力，检查线束连接插头是否正常	
6	检查前轮，左右搬动车轮，判断转向器球头；上下搬动车轮，判断轴承间隙	
7	判断电子助力转向器失效，更换新的电子转向助力器	

单元一　转向器及操作机构

汽车转向器的作用是将来自转向盘的转向力矩和转向角通过轴连接输出给转向拉杆机构，从而实现汽车转向。汽车转向器多使用助力转向器，其作用是将发动机（或电机）输出的部分机械能传递给转向器，并在驾驶员的操控下，对转向传动装置或转向器中的某一传动件施加不同方向的液压或机械作用力，以协助驾驶员轻松完成转向操作。

一、转向系统的功能、类型与组成

1. 转向系统的功能

改变或保持汽车前进或倒退方向的一系列装置称为汽车转向系统（steering system）。汽车转向系统的功能就是按照驾驶员的意愿控制汽车的行驶方向和保持汽车稳定的直线行驶。它是能够实现转向轮偏转和回位的一套机构。当汽车需要改变行驶方向时，必须使转向轮绕主销轴线偏转一定角度，直到新的行驶方向符合驾驶员的要求时，再将转向轮恢复到直线行驶的位置。

2. 转向系统的类型

汽车转向系统按照转向动力源的不同分为两大类：机械转向系统和动力转向系统。机械转向系统以驾驶员的体力作为转向动力源，是完全靠驾驶员手动操纵的转向系统；动力转向系统除了驾驶员的体力外，还借助了其他形式的动力作为辅助动力源，可以减少驾驶员转动转向盘的操纵力，减轻驾驶员的疲劳。动力转向系统又可分为液压动力转向系统、电动助力动力转向系统，以及气压动力转向系统。这里先介绍机械转向系统。

3. 转向系统的组成

机械转向系统的组成见表3-2。机械转向系由转向操纵机构、转向器和转向传动机构三大部分组成。

表 3-2　机械转向系统的组成

转向操纵机构	组成	转向盘、转向轴、万向节、转向传动轴等
	作用	驾驶员转动转向盘的操纵力传给转向器

转向柱和转向轴：转向轴位于转向柱内部。转向柱支承转向轴并将其固定到位，在转向轴顶部为转向盘，底部为挠性连接或万向节，以及其他将转向盘转动传递到转向机的零件

可收缩转向操纵机构：可收缩转向盘和转向柱用于防止驾驶员在事故中受到严重伤害。在碰撞开始过程中可收缩转向柱被压下，在防止转向盘伤害驾驶员的同时，也缓冲了驾驶员与转向盘的二次碰撞。通过沿转向柱垂直收缩，碰撞的能量被转向轴或转向柱吸收

标注：扭杆　销子　转动滑阀　导向衬套　齿条小齿轮

续表

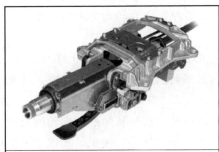	机械调节和电动调节转向柱的主要部件结构基本没有区别,这两种转向柱都配有电动转向锁。机械调节转向柱是通过两组金属薄片来固定的,每组各有 8 片钢片。其中 4 片钢片可进行轴向调节,钢片上用于调节的间隙是呈轴向布置的。每组的另 4 片是呈垂直方向布置的,用于完成转向柱的垂直调节。由两个辊子沿盘形凸轮的斜面向上运动来完成夹紧过程。偏心弹簧将杠杆固定住
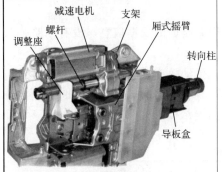	电动调节转向柱的轴向调整:带有减速器的电机和螺杆与箱式摇臂是固定在一起的,带有转向柱的导板盒与调整座是固定在一起的,螺杆拧在调整座的内螺纹内,螺杆的旋转运动转换成导板盒和转向柱的轴向运动。电机内有一个霍尔传感器,该传感器会测出电机转动的圈数,控制单元由此就可计算出转向柱当前的位置

二、转向器性能

1. 转向系统的角传动比

① 转向系统角传动比为转向盘的转角和同侧转向轮转向角度之比。

② 转向系统角传动比对转向的影响:转向系统的角传动比越大,说明相同的转向角度下,转向盘转过的圈数越多,这就意味着增矩的作用越大,转向操纵越轻便,同时也会使转向操纵的灵敏性变差,所以转向系统的角传动比不能过大。相反,转向系统的角传动比越小,操纵灵敏性越好,但转向操纵会变得很沉重。单纯的机械转向系统很难保证既轻便又灵敏,所以越来越多的车辆采用了动力转向系统。一般而言,对于汽车转向系统的角传动比,货车在 13.6~35.2 之间,轿车在 10.2~24.2 之间。

2. 转向盘的自由行程

在驾驶汽车的过程中,向左或向右转动转向盘,不使转向轮发生偏转而转向盘所能转过的角度,称为转向盘的自由行程。

转向盘的自由行程主要是由转向系统各传动件之间的装配间隙和弹性形变所引起的。当汽车处于直线行驶时,转向盘自由行程表现为转向盘为消除间隙而克服弹性形变所转过的角度。而这些间隙将随零件的磨损而增大,所以在汽车维护中应定期检查转向盘的自由行程。

转向盘自由行程对于缓和路面冲击,使驾驶员操纵柔和,防止驾驶员过度紧张等是有利的。但其不宜过大,以免过分影响转向灵敏性和产生转向摇摆现象。

自由行程一般不应超过 10°~15°,当超过 25°~30°时,必须进行调整。

3. 转向器的类型及结构

① 转向器的功能。汽车转向器又名转向机、方向机,它是汽车转向系统中最重要的部件。它的作用是增大转向盘传到转向传动机构的力和改变力的传递方向。

② 转向器的传动效率。转向器的传动效率是指转向器输出功率与输入功率之比。功率由转向柱输入、转向摇臂输出的情况下求得的传动效率叫正效率，而在传动方向与此相反时求得的效率为逆效率。

③ 转向器的分类见表3-3。转向器按照传动副的结构形式分为齿轮齿条式、循环球式、蜗杆曲柄指销式和蜗杆滚轮式几种。按照传动效率的不同，转向器还可以分为可逆式转向器、极限可逆式转向器和不可逆式转向器。

●可逆式转向器的正、逆传动效率都很高，这种转向器有利于汽车转向后转向轮的自动回正，转向盘的"路感"很强，也就是说在坏路面行驶时会出现"打手"现象，所以主要应用于经常在良好路面行驶的车辆。

●不可逆式转向器的逆传动效率很低，驾驶员无法得到路面的反馈信息，没有"路感"，转向轮也不能自动回正，所以很少采用。

●极限可逆式转向器保持了一定的逆传动效率，但正传动效率远大于逆传动效率。采用这种传向器，转向轮能够自动回正，也保持一定的路感，只有在路面反馈力很大时才能部分地传到转向盘上，主要应用于中型越野汽车、工矿用自卸汽车等。

表3-3 转向器的类型

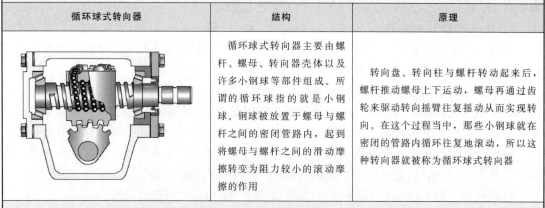

齿轮齿条式转向器	结构	原理
	齿轮齿条式转向器是最常见的转向器。其基本结构是一对相互啮合的齿轮和齿条。转向轴带动小齿轮旋转时，齿条便做直线运动	齿轮齿条式转向器中，转向齿轮是主动件，它与相啮合的从动转向齿条水平布置，齿条背面装有压块。在弹簧的作用下，压块将齿条压靠在齿轮上，保证二者无啮合间隙。调整螺钉可用来调整弹簧的预紧力。弹簧不仅可消除啮合间隙，还可吸收振动能量，缓和冲击
齿轮齿条式转向器结构简单，可靠性好，也便于独立悬架的布置；同时，由于齿轮齿条直接啮合，转向灵敏，体积小，可以直接带动横拉杆；成本低廉，在各类汽车上得到广泛应用		
循环球式转向器	结构	原理
	循环球式转向器主要由螺杆、螺母、转向器壳体以及许多小钢球等部件组成。所谓的循环球指的就是小钢球。钢球被放置于螺母与螺杆之间的密闭管路内，起到将螺母与螺杆之间的滑动摩擦转变为阻力较小的滚动摩擦的作用	转向盘、转向柱与螺杆转动起来后，螺杆推动螺母上下运动，螺母再通过齿轮来驱动转向摇臂往复摇动从而实现转向。在这个过程当中，那些小钢球就在密闭的管路内循环往复地滚动，所以这种转向器就被称为循环球式转向器
相比齿轮齿条式转向器，循环球式转向器由于更多地依靠滚动摩擦，所以具有较高的传动效率，操纵起来比较轻便舒适，机械部件的磨损较小，使用寿命相对较长。在过去那个没有转向助力的年代，循环球式转向器占据了统治地位		

续表

蜗杆曲柄指销式转向器	结构	原理
转向蜗杆　指销　摇臂轴	蜗杆曲柄指销式转向器的传动副以转向蜗杆为主动件，其从动件是装在摇臂轴曲柄端部的指销	蜗杆具有梯形螺纹，指销用轴承支承在曲柄上，曲柄与转向摇臂轴制成一体。转向时，通过转向盘转动蜗杆，嵌于蜗杆螺旋槽中的锥形指销一边转，一边绕转向摇臂轴做圆弧运动，曲柄和转向垂臂摆动
蜗杆曲柄指销式转向器通常用于转向力较大的载货汽车上		

三、机械式的液压动力转向系统

机械式的液压动力转向系统是一种经济型助力转向系统。液压助力转向系统主要由机械部分和液压助力装置两部分组成。机械部分由动力转向器、转向传动副、转向摇臂、转向纵拉杆、转向横拉杆和转向节臂等组成。液压助力装置部分由液压泵、液压缸、液压控制阀、储油箱和管路等组成，见图3-2。

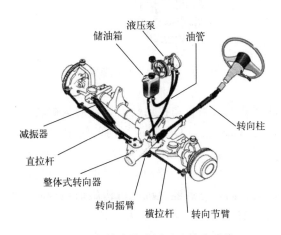

图 3-2　机械式的液压动力转向系统

液压动力转向装置分为常压式和恒流式两种。常压动力转向装置的结构和工作原理：当转向盘处于中间位置时，转向控制阀处于关闭位置，转向油泵将高压油输送至蓄能器（当蓄能器的油压达到规定值时，会将油排放到转向油箱中，因此蓄能器中的油压不能大于规定值）；当驾驶员转动转向盘时，机械转向器通过转向传动机构使前轮偏转，同时也将转向控制阀移动到工作位置；蓄能器中的压力油通过转向控制阀被引导至转向油缸的一个油室，另一个油室通过转向控制阀与转向油箱连通；转向油缸中活塞被油压推动，活塞杆作用在转向传动机构上，帮助驾驶员偏转转向盘；转向盘停止转动后，转向控制阀回到关闭位置，转向力施加终止。由于蓄能器的作用，常压动力转向装置工作管路中的油始终保持高压。转向油泵流量小，油泵损坏后，蓄能器中的油仍能使汽车动力转向装置工作数次，使汽车继续行驶一定距离，提高了汽车的安全性。目前，少数重型车辆仍使用这种动力转向装置。

单元二　电动助力转向系统

一、电动助力转向系统概述

1. 电动助力转向系统的结构及工作原理

电动助力转向（EPS）系统主要由转向盘、转矩传感器、电控单元（electric control unit，ECU）、电机、离合器、减速机构、齿轮齿条等组成。其结构如图 3-3 所示。

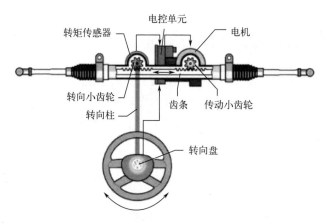

图 3-3　电动助力转向系统组成

转矩传感器安装在转向柱上，当发动机启动后，转向盘被转动时，由转矩传感器测得转向输入力矩，并将数据传送给 ECU。ECU 根据当前的转矩和车速，通过预置的助力特性曲线计算出一个电机所需的最佳电流。同时，ECU 实时采集转向盘输入转矩、车速、电机转子位置、电压和电流等信号，根据预置的控制策略对电机电流进行实时调节，从而控制电机输出力矩大小和电机的转动方向，然后经过减速机构施加到转向机构，最终得到一个与行驶工况相适应的转向作用力，辅助驾驶员转向，从而获得较好的驾驶体验。同时，ECU 实时监测各模块的运行状态，一旦发现故障，立刻发出指令给电磁离合器，中断助力电机与转向装置的连接，从而转换为纯机械转向模式，确保行车安全。

2. 电动助力转向系统的分类

电动助力转向（EPS）系统根据电机位置的不同，可分为齿条助力式、转向柱助力式和齿轮助力式三种类型。齿轮助力式和转向柱助力式应用于轻型车辆，齿条助力式应用于重型车辆。在构成上它们都具有三个基本部件：电控单元、电机和安装在转向柱上的转矩传感器。三种 EPS 系统如图 3-4 所示。

三种类型的电动助力转向系统在结构上有所不同，主要是助力电机的安装位置不同，这也就决定了这三种 EPS 系统在性能和适应性上有一些差异。三种类型的电动助力转向系统特点见表 3-4。

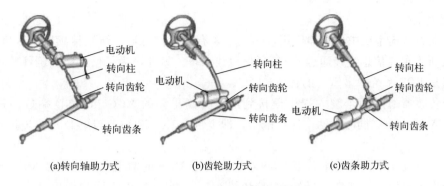

(a)转向轴助力式　　　　　(b)齿轮助力式　　　　　(c)齿条助力式

图 3-4　三种电动助力转向器

表 3-4　三种电动助力转向系统特点

序号	图示	特点
1	转向柱助力式(C-EPS)	助力电机经过蜗轮蜗杆减速器安装在转向柱上，电机安装位置灵活，便于维修，相比其余两种 EPS 成本最低，助力响应较好。但此种电动助力转向系统电机的噪声和波动对驾驶员影响较大，这方面需要做进一步处理，常用于轻型车辆
2	齿轮助力式(P-EPS)	助力电机转矩直接作用在齿轮上，通过齿轮与齿条进行耦合，相比转向柱助力式，此类转向系统刚性好、路感强，可提供更大的助力，但助力特性精度容易受万向节的影响，常应用于中型车辆
3	齿条助力式(R-EPS)	电机与齿条同轴向地经过锥齿轮和滚珠丝杠二级减速机构增扭后进行助力，能够提供更大的助力力矩，且能量损失相比前两种更小。但此种 EPS 系统结构与前两种相比最为复杂，成本也最高，常用于豪华轿车或者重型车辆
应用中具体选择哪种类型的 EPS 系统，取决于汽车前转向轴的负荷、车型、电机特性等。本节选用转向柱助力式作为研究对象，电机选择永磁无刷直流电机		

二、电动助力转向系统的关键部件

　　EPS 系统是一个集合多学科于一体的机电一体化系统，其主要构成部件包含机械、电子、电气、控制等多门学科，其关键部件有传感器、电磁离合器、电子控制单元（ECU）、助力电机以及机械部分。每一个部分的精度和可靠性都直接影响着汽车整个转向系统的性能。因此，部件的选择应综合车型、应用需求、成本、安全性等多方面考虑，其中应以"安全第一"为原则。

1. 传感器

电动助力转向系统中传感器应用较多，主要有车速传感器、转矩传感器、转角传感器。EPS 系统所需车速信息直接通过 CAN 通信总线获得。另外，为了增加防侧翻预警功能，转矩传感器是 EPS 系统中最重要的传感器。

转矩传感器通过两个输入端子连接到电子控制单元的 VCC 和 GND 端口，分别提供 +5V 和 0V 的电压，同时，两个输出端子，即主转矩 IN＋和辅助转矩 IN－，连接到电子控制单元。

当转向盘处于中位时，主转矩 IN＋和辅助转矩 IN－的输出电压均为 2.5V。当转向时转向轴会发生扭转，这就使主转矩 IN＋和辅助转矩 IN－产生不同的电信号。若转向盘右转，主转矩端口的电压将升至高于 2.5V，而辅助转矩端口的电压则降至低于 2.5V；而转向盘左转时，主转矩端口的电压将降至低于 2.5V，而辅助转矩端口的电压则升至高于 2.5V，情况恰好相反。

转矩传感器的作用是测量驾驶员的输入转矩，并将其送入电子控制单元（ECU），作为 ECU 的运算依据之一。转矩传感器的好坏对 EPS 系统会产生非常大的影响。目前，汽车上使用较多的是电位计转矩传感器。此类传感器随着使用时间的延长，可能会出现一定的磨损现象，影响其精度。另一种转矩传感器为电磁感应式传感器，此类传感器不存在电位计传感器的问题，但是价格相对较高。另外还有电感式转矩传感器、光电式转矩传感器、霍尔式转矩传感器、磁阻式转矩传感器等。本研究出于驾驶体验和成本两方面的考虑，选用电磁感应式转矩传感器。电磁感应式转矩传感器结构如图 3-5 所示。汽车直线行驶时，每一级的磁通量相同。当汽车转向时，扭杆转动线圈上电压信号发生相应的变化，从而实现转矩的测量。

图 3-5　电磁感应式转矩传感器结构

2. 电磁离合器

离合器选用电磁离合器，安装在助力电机与减速机构之间，由 ECU 控制。发生故障时，ECU 发出指令，离合器断开助力电机与转向机构的连接，转为纯机械转向，从而保证故障发生时的行车安全，也对电机起一定的保护作用。本研究选用 12V 额定电压的电磁离合器。电磁离合器结构如图 3-6 所示。

3. 助力电机

助力电机直接为电动助力转向系统提供动力，其性能好坏直接影响着转向系统的性能。一般选择永磁无刷直流电机，此种电机为三相定子电机，采用电子换向，功率密度高，不受

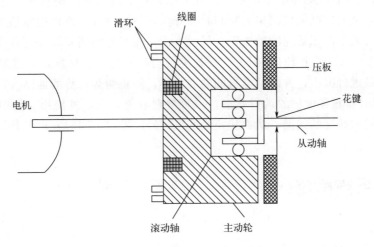

图 3-6 单片式电磁离合器结构

电磁干扰，能在恶劣环境下稳定工作。

4. 电子控制单元（ECU）

ECU 是整个系统的运算中心（图 3-7），助力大小的计算和故障的诊断都在 ECU 进行，其性能和可靠性至关重要。ECU 必须具备足够的抗干扰能力和计算速度。

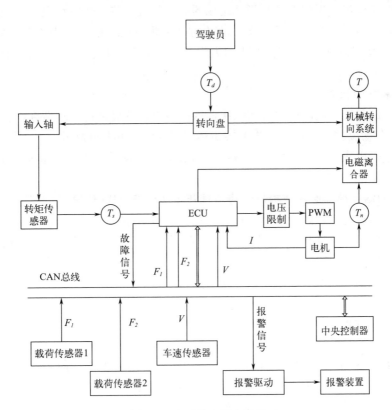

图 3-7 电动助力转向逻辑

ECU 根据当前的转矩和车速，通过预置的助力特性曲线和控制算法计算出一个电机所需的最佳电流，从而控制电机输出力矩和转动方向，然后经过减速机构施加到转向机构，最终得到一个与行驶工况相适应的助力矩。另一方面，在车身两侧安装垂直载荷传感器，传感器数据通过 CAN 总线送至 ECU，EUC 对其进行实时监测，一旦发现有侧翻趋势，立即发出指令对驾驶员进行提示，并改变电机的助力大小，防止侧翻趋势的加剧。在车辆启动全过程中，ECU 实时监测各模块的运行状态，一旦发现故障，立刻发出指令给电磁离合器，中断助力电机与转向装置的连接，从而转换为纯机械转向模式，同时发出报警信号，确保行车安全。

三、转向系统检修

1. 清洁
① 清洁转向器外部。
② 检查转向器连接插头。
③ 检查转向器的紧固情况，转向器安装应牢固、可靠。
2. 转向盘自由行程的检查
汽车每行驶 12000km 时，应检查转向盘的自由行程，其值不能超过 15°～30°。
① 使汽车停放在平坦、硬实的路面上，并处于直线行驶位置。
② 将转向角度仪或用刻度盘和指针组成的简易装置安装在转向盘上。
③ 左右转动转向盘检查。先向左转动转向盘至测力扳手指示力为 10N，此时将测量装置指针调零，然后向右转动转向盘至指示力为 10N，刻度盘上指针所划过的角度即为转向盘自由行程。
3. 转向系统的检查
① 使用诊断仪接入电动助力转向系统读取故障码，然后进行针对性维修。
如果转矩传感器损坏，则需要更换转矩传感器或整个方向机总成。
② 对于因断电或电瓶亏电导致的故障，可在车辆启动后左右打死转向盘几次，然后行驶 30～50km，以熄灭指示灯。
③ 如果 ABS 传感器脏污或损坏，应清理灰尘或更换 ABS 传感器。
④ 对于转向轻重不一致或转向沉重的问题，需到 4S 店进行专业维修。
⑤ 如果转向盘不自动回位，则可能是由轮胎气压不足或磨损、四轮定位问题引起的，需调整轮胎或进行四轮定位。
⑥ 如果转向助力的熔丝烧断，应更换熔丝。

四、四轮转向

四轮转向（4WS）除了传统的以前轮为转向轮，后两轮也是转向轮。四轮转向从 20 世纪 80 年代中期开始发展，其主要目的是提高汽车在高速行驶或在侧向风力作用时的操作稳定性，改善在低速下的操纵轻便性，以及减小在停车场时的转弯半径。四轮转向主要有两种方式：当后轮转向与前轮转向方向相同时称为同向位转向；当后轮转向与前轮转向方向相反时称为逆向位转向。

　　四轮转向车辆相对于前轮转向车辆在转向结构上最大的区别在于其多了一套后轮转向系统。机械式四轮转向系统通过相应的机械结构将后轮与前轮直接相连，该方法无疑增加了系统结构的复杂性，增加了车辆后期的维护与维修保养工作的难度。目前多采用前、后阿克曼转向系统，前、后轮均由单独的电子控制单元进行转向。为了使底盘具有更加优良的灵活性与动力性，四轮独立驱动独立转向电动车辆应运而生，其可以实现同向位转向、异向位转向、原地转向等多种转向方式。

　　四轮转向分布式驱动车辆相对于前轮转向车辆具有更好的车辆稳定性及侧向响应速度，主要在于四轮转向能够独立控制后轮转角，进而改变后轮的侧偏角及轮胎侧向力，分布式驱动四轮转矩单独控制。

1. 低速时四轮转向车辆的转向特性

　　图 3-8 表示的分别是当车辆处在低速运行状态下时，前轮转向和四轮转向情况下汽车实际的运行轨迹。观察该图可以发现，前轮转向情况只有前轮参与转向，此过程中后轮中心线的延长线上出现转向中心。四轮转向系统下车辆的前后轮会同时发生转向，因此与传统模式下汽车转向相比，其转向中心与车体距离更近，车辆的转向半径更小，在此情况下车辆机动性也能得到进一步提升。

　　车辆处在转向工况下时，传统模式下的前轮转向系统通常情况下是前轮主动产生一个旋转的侧向力，在此情况下后轮也会被拖移，响应速度较慢。而四轮转向车辆前后轮几乎同时转向，大大减少了延迟时间，有效地提高了转向的速度。

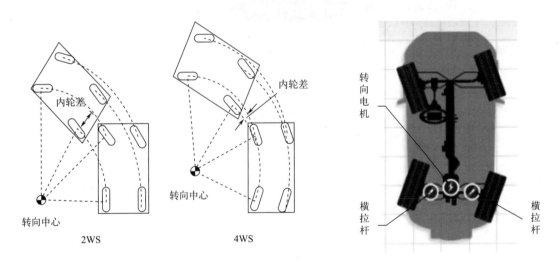

图 3-8　低速运行状态

2. 高速时四轮转向车辆的转向特性

　　图 3-9 表示的是车辆在高速行驶时，前轮转向和四轮转向汽车的实际运行轨迹。当汽车处在高速运行的情况下时，传统模式下采取前轮转向系统的车辆在转向的过程中，利用旋转向心力让整个车体进行自转，在车速不断增加的情况下车体本身产生的离心力也非常大，在此情况下车辆非常容易出现旋转和侧滑，导致危险的发生。为了提高汽车的行驶稳定性和安全性，四轮转向汽车前轮转向和后轮转向相同，以此来抑制汽车车身的自转，从而使汽车的质心侧偏角减小，提升车辆高速行驶的安全性。

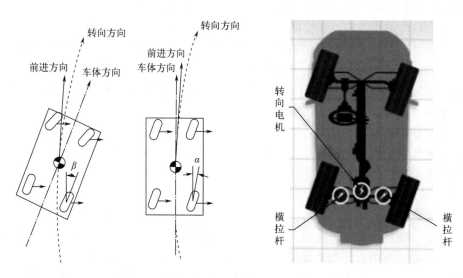

图 3-9　高速运行状态

模块综合实训

根据此模块的学习内容，完成学生工作手册中的相应内容。

模块四

制动器的结构与检修

学习目标

1. 了解制动器的作用、分类和组成。
2. 查阅资料，分析制动器的工作原理。
3. 能对照实物，说出制动器各组成零部件的名称、作用及安装位置。
4. 查阅资料，明确制动器的检修内容、检修流程及检修方法。
5. 能正确领会学习任务要求，明确小组角色定位，团队合作进行组内反思和小组间展示交流，解说工作过程，总结出任务实施过程中存在的问题并提出合理的改进措施。
6. 严格执行企业安全生产制度、环保管理制度和 7S 管理规定。
7. 展示工作成果，进行实训任务评价，总结工作经验，优化检修方案。

建议学时

建议学时：8 学时

大国崛起

"汽车人"的工匠精神

每一个男孩子心中都有一个"汽车梦"，从小就对汽车感兴趣的李元园，立志要与汽车为伴。2001 年毕业后，他来到重庆长安汽车股份有限公司汽车总装线工作（图 4-1），从零开始学习装配，并利用空闲时间仔细研究汽车电器的特性、原理和结构。"别人不能做的我要做下来，别人能做的，我要做得更好"，李元园在心中立志。于是他虚心求教，问中学，学中问，向师傅问，向同事学，向书本啃，很快就成长为长安汽车二级技师、兵装集团乃至全国技术能手、技能带头人。

图 4-1　汽车总装线

案例引入

一辆新能源电动汽车，在上电时仪表出现驻车制动器故障报警。车辆驻车制动偶发不可用，仪表和中央显示屏都出现故障报警（图4-2），最近故障频率较高。车主将车辆开到维修店进行维修，技术经理首先对车辆进行预检。

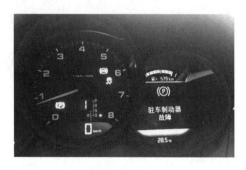

图 4-2　驻车制动器故障报警

岗位工作流程

① 首先询问车主，车辆驻车制动的类型，是手动驻车还是电子驻车。

② 提示车主将车辆停在平整地面，防止溜车。

③ 车主停车后，在前后车轮处放置挡块，然后方可离开车辆。

④ 填写维修工单。

⑤ 在交接车辆时，提醒维修人员，驻车制动器故障，应防止溜车。

维修技师操作步骤如表4-1所示。

表 4-1　维修技师操作步骤

步骤	检查内容	图示
1	选用工具：手电筒、发动机舱三件套	
2	穿戴安全帽、安全鞋、工装、手套；车内安装转向盘套、座椅套、脚垫	

步骤	检查内容	图示
3	将举升机支撑臂安全支在车辆下方支撑点	 
4	检查制动液是否缺少，检查制动总缸是否漏油，检查 ABS 泵是否漏油	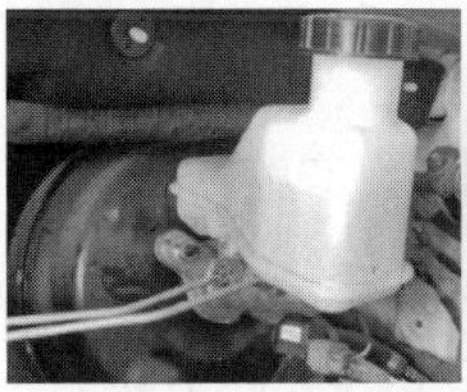 
5	确定安全后，将车辆举升到维修人员的身高的高度，落锁；确定安全后方可进入车辆下方检查	 
6	检查制动油路及连接处是否漏油；检查驻车制动器是否漏油、插头是否松动	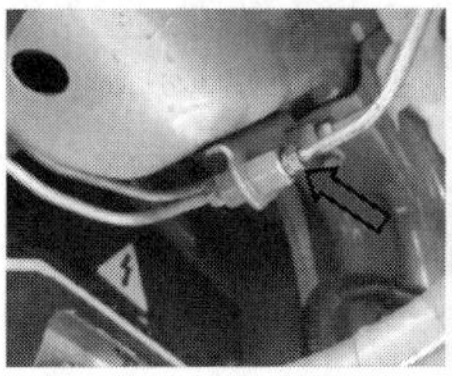 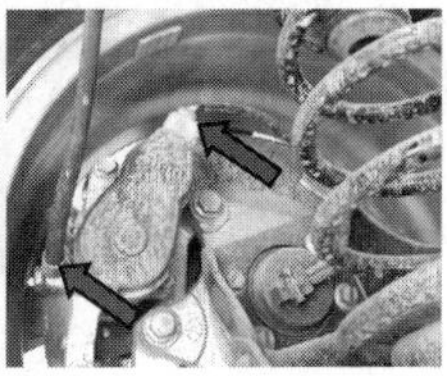
7	检查制动盘是否有裂纹、沟槽；检查摩擦片厚度	 

单元一　电动汽车制动系统

一、电动汽车制动系统组成

纯电动汽车采用的液压制动系统（图 4-3）与传统汽车液压制动系统基本结构区别不大，但是在液压制动系统的真空辅助助力系统和制动主缸两个部件上存在较大的差异。

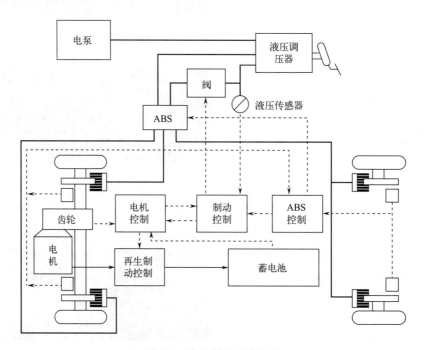

图 4-3　液压制动系统组成

绝大多数的汽车采用真空助力伺服制动系统，人力和助力并用。真空助力器利用前后腔的压差提供助力。传统汽车真空助力装置的真空源来自发动机进气歧管，真空度负压一般可达到 0.05～0.07MPa。对于纯电动汽车，由于没有发动机总成，即没有了传统的真空源，仅由人力所产生的制动力无法满足行车制动的需要，因此通常需要单独设计一个电动真空泵来为真空助力器提供真空源。这个助力系统就是电动真空助力系统，即 EVP（electric vacuum pump，电动真空助力）系统。

如图 4-4 所示，电动真空助力系统由真空泵、真空罐、真空泵控制器（后期集成到 VCU 整车控制器里）以及与传统汽车相同的真空助力器、12V 电源组成。

电动真空助力系统的工作过程：当驾驶员启动汽车时，车辆电源接通，控制器开始进行系统自检，如果真空罐内的真空度小于设定值，真空罐内的真空压力传感器输出相应电压信号至控制器，此时控制器控制电动真空泵开始工作，当真空度达到设定值后，真空压力传感器输出相应电压信号至控制器，此时控制器控制真空泵停止工作。当真空罐内的真空度因制动减小时，真空压力传感器输出相应电压信号至控制器，此时控制器控制真空泵开始工作，直至真空度达到设定值。

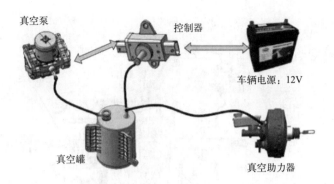

真空泵　　　控制器　　　车辆电源：12V

真空罐　　　真空助力器

图 4-4　电动真空助力系统

1. 真空助力器

真空助力器的作用是利用真空泵产生的真空和大气压力之差，将制动压力增强几倍，使踩制动踏板省力，保证安全迅速制动。当真空助力器发生故障，不能发挥助力作用时，液压制动器仍能保证行车安全。

真空助力器一般位于制动踏板与制动主缸之间（图 4-5），为便于安装，通常与主缸合成一个组件，主缸的一部分伸入真空助力器壳体内。真空助力器失效或真空管路无真空度时，控制阀推杆将通过空气阀直接推动膜片座和制动主缸推杆移动，使制动主缸产生制动压力，但作用在踏板上的力要增大。

制动液　　　真空助力器

制动总泵

图 4-5　真空助力器

汽车真空助力器的工作原理见图 4-6，踩下制动踏板，来自踏板机构的控制力推动控制阀推杆和控制阀柱塞向前移动，在消除柱塞与橡胶反作用盘之间的间隙后，再继续推动制动主缸推杆，主缸内的制动液以一定压力流入制动轮缸，此力为制动踏板机构所给。与此同时，在阀门弹簧的作用下，橡胶阀门也随之向前移动，直到压靠在膜片座的阀座上，即伺服气室的前腔和后腔隔绝，真空阀开启，前腔形成负压。空气经过滤环、毛毡过滤环、空气阀的开口和通道充入伺服气室后腔。随着空气的充入，在伺服气室膜片的两侧出现压力差而产生推力，此推力通过膜片座、橡胶反作用盘推动制动主缸推杆向前移动，此力为压力差。此时，制动主缸推杆上的作用力为踏板力和伺服气室反作用盘推力的总和，使制动主缸输出的压力成倍增长。

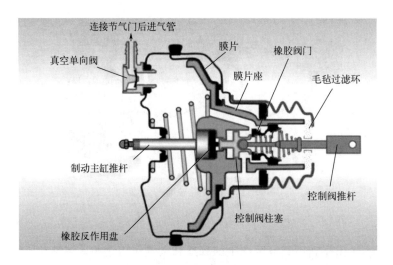

图 4-6　真空助力器工作原理

2. 控制器

控制器主要是检测真空管的真空度，控制真空泵的工作。具体连接电路见图 4-7。根据不同车型，有的车型将真空传感器安装在真空罐上，传感器的连接线连接在控制器上，控制器根据传感器上的电信号辨别真空罐的真空度；有的车型上真空罐和控制器连接的是气管，这种控制器内部装有真空压力传感器，通过采集真空罐的真空度来控制真空泵。

当真空压力传感器感知到真空度降低，主控制器的真空泵控制 1 导通，K3-2 继电器导通，将常电通过继电器传给助力泵电机，电机工作提高真空罐真空度，这时主控制器通过 A4 端检测到电信号，K3-2 电控真空泵继电器工作正常。

K3-3 电控真空泵继电器是保证在 K3-2 继电器失效后能够给助力泵电机正常供电。

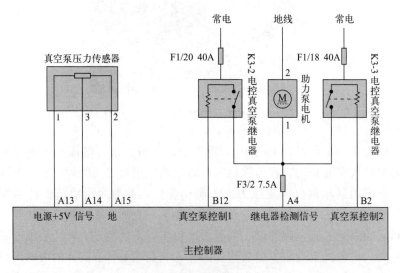

图 4-7　控制电路

提示：目前新能源车辆系统多将控制器集成在新能源汽车 VCU 中。

3. 真空泵

电动汽车采用电机驱动，取消了传统的发动机，因此失去了真空来源，即无法为汽车制动总泵提供真空助力。而电动汽车真空助力泵（图 4-8）便为弥补这一不足而产生。它采用车载电源提供动力，推进泵体上的电机进行活塞运动从而产生真空，为电动汽车、混合动力汽车、电动场地车等各种车型的液压制动系统提供唯一、可靠的真空来源，从而有效地提高了整车的制动性能。

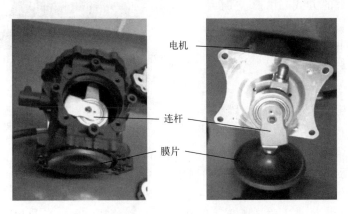

图 4-8　电动汽车真空助力泵

真空泵的主要任务是制造负压，从而增强制动力。它与汽车的液压制动系统和转向系统协同工作，提供稳定的真空度支持。真空泵不仅用于纯电动汽车，还适用于混合动力汽车和电动巴士等，能确保制动系统的可靠性。

真空泵的核心原理基于真空度的控制，它通过调节真空度与外界大气压力的比例，确保增压效果的稳定。随着海拔的升高，真空度会有所下降，因此真空泵需要适应这种变化，以维持稳定的助力效果。

4. 真空罐

真空罐用于储存真空（图 4-9），真空泵工作使真空罐获得真空状态，通过真空压力传感器感知真空度并把信号发送给真空罐控制器。

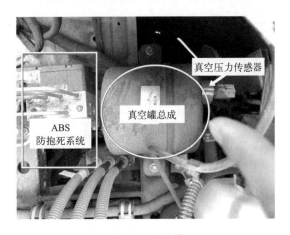

图 4-9　真空罐

二、电子助力制动系统

一些中高端纯电动或混合动力车辆上应用了最新的电子助力制动器（图4-10）。电子助力制动器与传统真空助力器相比，改变了助力的方式，由真空助力改变为电机助力。电子助力系统包含4个部件，即伺服电机、助力传动机构、制动踏板行程传感器、控制单元，减少了产生真空部分。

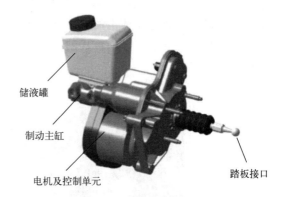

图 4-10　电子助力制动器

储液罐

制动主缸

电机及控制单元

踏板接口

工作过程：当驾驶员踩下制动踏板，制动踏板行程传感器感知踏板的深度，控制器结合车速综合计算出需要的制动力，指挥伺服电机驱动制动主缸完成制动动作。

电子助力制动器有以下3个优点。

① 提升制动性能，减小制动距离，提升 AEB（自动紧急制动）效率；在制动反应速度上更快，调节更精准，制动距离更小。这些优势使得 AEB 反应更快、更强，对行人保护更加有效。

② 拓展车辆制动模式，提升制动踏板感觉。传统真空助力器的制动主缸制动压力曲线无法变化和调整，在整车制动匹配完成后驾驶员的制动踏板感觉（运动、舒适）就固定不变。而电子助力制动器的制动主缸制动压力曲线可以在较大范围调整，制动踏板感觉也就随之可调。所以装备电子助力制动器的车辆可以在运动、舒适模式间自由切换，给用户带来更多的驾驶体验。

③ 提升纯电动汽车/混合动力汽车能量回收效能，使车辆产生更大的制动力，可以回收更多的能量，提升电动车续航里程。在制动能量回收的同时，可以主动对制动踏板提供合适的反馈力，消除制动踏板感觉"软"等问题。

案例：

电动汽车制动系统真空助力器是靠电机驱动的，它主要由制动真空助力器、真空软管、压力传感器、真空助力电机（电动真空泵）、主控制器等组成。比亚迪 e5 电动汽车制动助力系统工作状态见表4-2。

表 4-2　比亚迪 e5 电动汽车制动助力系统工作状态

制动状态	制动系统工作状态
当未踩下制动踏板时	空气阀封闭，后腔与大气之间隔闭，而真空阀打开，前腔与后腔之间连通，此时前腔和后腔的气压均等于进气管压力，膜片在回弹弹簧下回位，电动真空泵不起作用
当踩下制动踏板时	首先真空阀先封闭，前腔和后腔隔闭；之后空气阀打开，后腔与大气相通，在压力差作用下，推动膜片移动，驾驶员踩板的力增大，实现助力作用
当维持制动踏板时	当踩住制动踏板不动后，空气阀由打开变为封闭，后腔与大气隔闭，真空助力泵膜片既不能前进也不能后退，处于维持制动力状态

单元二 车轮制动器

车轮制动器的工作原理是利用与车身（或车架）相连的非旋转元件和与车轮（或传动轴）相连的旋转元件之间的相互摩擦来阻止车轮的转动或转动的趋势。根据摩擦副中旋转元件的结构形式不同，车轮制动器可分为鼓式和盘式两大类。前者的旋转元件为制动鼓，其工作面为圆柱面；后者的旋转元件为圆盘状的制动盘，其工作表面为圆盘端面。目前轿车多采用盘式制动器。

制动器的作用：使行驶中的汽车按照驾驶员的要求进行强制减速甚至停车；使已停驶的汽车在各种道路条件下稳定驻车；使下坡行驶的汽车速度保持稳定。

一、鼓式车轮制动器

鼓式车轮制动器（图4-11）多为内张双蹄式。按张开装置的形式，鼓式车轮制动器可分为以液压轮缸作为制动蹄张开装置的轮缸式制动器和以凸轮作为张开装置的凸轮式制动器。

图 4-11　鼓式车轮制动器

鼓式制动器基本结构及原理：

鼓式制动器的结构特点是两制动蹄的支承点都位于蹄的一端，两支承点与张开力作用点的布置都是轴对称式；轮缸中两活塞的直径相等。

车轮逆时针旋转时为汽车前进方向。制动时，轮缸内油压升高，推动活塞向两端移动。因两活塞直径相等，故其对前后两制动蹄施加大小相等的张开力，使两制动蹄分别绕各自的支承销向外转动，直到其摩擦片压靠到制动鼓内圆工作面上。与此同时，旋转着的制动鼓即对两制动蹄分别作用着微元法向反力的等效合力，以及相应的微元切向反力的等效合力，即摩擦力。为解释方便，假定这些反力都集中作用于摩擦片的中央，方向如图4-12所示，前制动蹄上所受的摩擦力所产生的方向相同，因而摩擦力作用的结果是使前制动蹄对制动鼓的压紧力增大，从而使该蹄产生的制动力矩增大。左右不对称，左制动蹄有自行增力作用，称为领蹄；而右制动蹄有自行减力的作用，称为从蹄。领蹄的摩擦力矩是从蹄的2～2.5倍，两制动蹄摩擦衬片的磨损程度也就不一样。

自动增力式制动器的增力原理见图4-13：将两制动蹄用推杆浮动铰接，利用液压张开力

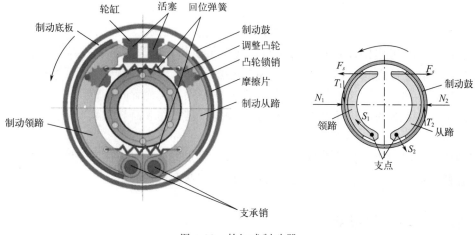

图 4-12 轮缸式制动器

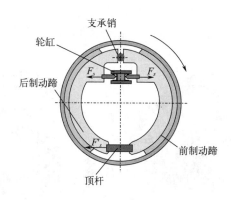

图 4-13 自动增力式制动器

促动，使两制动蹄产生助势作用，还充分利用前蹄的助势推动后蹄，使总的摩擦力矩进一步增大，此即为"自动增力"。

二、盘式车轮制动器

盘式车轮制动器广泛地装用在轿车和轻型货车上。它的优点是散热良好、热衰退小、热稳定性好，最适用于对制动性能要求较高的轿车前轮制动器。而轿车后轮制动器多采用寿命较长的鼓式制动器，以便附装驻车制动器，此即为前盘后鼓式混合制动系统。近年来车辆前后轮都采用盘式车轮制动器，其结构见图 4-14。

盘式制动器在径向尺寸有限的条件下，因其端面为工作表面，可使制动钳有两对轮缸，来满足双管路布置的需要。

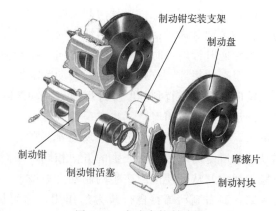

图 4-14 盘式车轮制动器

盘式制动器工作原理：它的旋转元件是制动盘，和车轮固装在一起旋转，以其端面为摩擦工作表面。它的固定元件是制动衬块、导向支承销和制动钳活塞，都装在跨于制动盘两侧的钳体上，总称为制动钳。制动钳用螺栓与转向节或桥壳上的凸缘固装，并用调整垫片的方式来调节钳与盘之间的相对位置（图4-15）。另外，还有防尘护罩和其他零件。

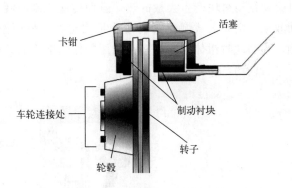

图4-15 盘式制动器工作原理

制动时，油液被压入内、外两轮缸中，其活塞在液压作用下将两制动块压紧制动盘，产生摩擦力矩。而此时，轮缸槽中的矩形橡胶密封圈的边在活塞摩擦力的作用下产生微量的弹性变形。

放松制动时，活塞和制动块依靠密封圈的弹力和弹簧的弹力回位。由于矩形密封圈的边变形量很微小，在不制动时，摩擦片与盘之间的间隙每边只有0.1mm左右，它足以保证制动的解除。又因制动盘受热膨胀时，厚度方面只有微量的变化，故不会发生"拍带"现象。但是，制动盘对端跳动控制较严，要求工作表面的平整度和垂直度，以及轴承的松紧度应严格控制。修整制动盘工作表面后，应进行平衡试验。特别是不能使用受热后易汽化膨胀的醇类制动液，要求使用特制的高沸点合成型制动液。

矩形橡胶密封圈除起密封作用外，同时还起活塞回位和自动调整间隙的作用。如果制动器的摩擦片与盘的间隙磨损加大，制动时密封圈变形达到极限后，活塞仍可继续移动，直到摩擦片压紧制动盘为止。解除制动后，矩形密封圈能将活塞推回，恢复至与之前相同的间隙，仍保持标准值。显然，这种结构对橡胶密封圈的弹性、耐热性、几何精度及表面粗糙度的要求较高，并应定期更换，而不单纯考虑它的密封质量如何。

三、盘式制动器分类

按照制动压力产生方式的不同，盘式制动器可分为液压式和气压式；按照固定制动衬块结构的不同，盘式制动器可分为全盘式和钳盘式。全盘式制动器的制动背板和制动衬块的形状为圆环状，在进行制动时制动盘的摩擦面与制动衬块的摩擦面之间完全接触。全盘式制动器的应用范围较小，目前主要应用于少数重型汽车上，其可以作为制动器或缓速器。钳盘式制动器的钳体上有2～4个制动衬块，制动衬块的摩擦面与制动盘的摩擦面之间接触面积较小，其制动压力较大，因此对制动块材料的抗压、耐磨性能要求较高。以前人们将盘式制动器安装在汽车上充当中央制动器使用，随着对盘式制动器的认可程度的提高，其现在已经成为各类汽车的标配。

1. 钳盘式制动器分类

钳盘式制动器分为两种：定钳盘式和浮钳盘式。

① 定钳盘式制动器在汽车上的应用要早于浮钳盘式制动器。定钳盘式制动器的运动副较少，整体刚度较大，但因其制动盘两侧都设有活塞，布局困难，故而导致其尺寸较大。同时，其对油缸和活塞的精密度要求较高，导致了制造成本的增加。此外，盘式制动器在制动

时会使制动衬块产生大量的热，进而传递给制动液，导致制动液产生大量气泡，最终影响制动效果。定钳盘式制动器的钳体是固定的，故而不做轴向移动。制动衬块处于制动盘的两侧，当制动时钳体内的活塞在油压的作用下将制动衬块推出，制动盘在两侧制动衬块的挤压下进行制动，如图4-16所示。

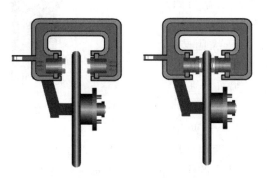

图4-16　定钳盘式制动器

②浮钳盘式制动器顾名思义其钳体是不固定的，钳体运动方式有两种：沿导向销做轴向平移和绕轴承销摆动。因其油缸只存在于内侧，故而其结构简单、易于布局，同时缩小了整体尺寸，减少了总质量，使得成本大大降低。浮钳盘式制动器的内制衬动块是可以随活塞运动的，外制动衬块是固定在钳体上的。当汽车进行制动时，气压或者油压会通过活塞将内制动衬块推出，使其压向制动盘，此时，钳体会在反作用力下向制动盘一侧移动，从而使两侧制动衬块紧压制动盘，最终达到制动的目的，如图4-17所示。

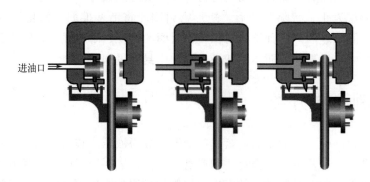

进油口

图4-17　浮钳盘式制动器

2. 盘式制动器的优点

早期汽车制动系统多采用鼓式制动器，随着社会的不断进步，汽车的车速越来越高、载重越来越大，人们对汽车制动系统的要求越来越高，盘式制动器凭借其整体结构紧凑、热稳定性好和水稳定性好等优点逐步被人们所青睐。近年来，越来越多的汽车前后轮均采用盘式制动器，鼓式制动器渐渐退出汽车界。盘式制动器有着众多优点，如下所示。

① 整体结构紧凑。盘式制动器的整体结构较为紧凑，力的传动效率高。同尺寸的盘式制动器与传统鼓式制动器相比，盘式制动器达到的制动效果更好。

② 遇热稳定性好。与鼓式制动器相比，盘式制动器无自增力，因此其制动效果基本不受摩擦系数的影响。在热膨胀方面，盘式制动器的制动盘径向膨胀对制动效能无影响，而其

轴向膨胀较小，因此盘式制动器在受热膨胀后对制动效果影响很小。

③ 遇水稳定性好。盘式制动器在制动时制动衬块与制动盘之间单位压力非常大，高速旋转的制动盘存在很大的离心力，当盘式制动器涉水之后，在制动压力和离心力的作用下，制动衬块与制动盘之间的水很容易被挤出，因此涉水对其制动效果影响较小。

④ 散热性好。盘式制动器的制动盘通常采用通风盘结构，通风盘散热表面积较大，同时其安装位置较为裸露，在车轮高速旋转的同时加快了空气流动速度，因此盘式制动器的散热效果较好。

⑤ 反应灵敏。在盘式制动器的结构方面，制动盘与制动衬块之间的间隔较小，从而大幅减小了制动行程。同时与鼓式制动器相比，盘式制动器的热膨胀较小，不会因热膨胀带来行程增大的问题，因此其反应更加灵敏。

⑥ 易于保养。随着制动次数的增加，制动盘与制动衬块之间的间隙会逐渐增大，而盘式制动器中的制动盘与制动衬块之间的间隔可以实现自动调整。在维修方面，盘式制动器便于拆卸和装配，损坏件一般为磨损量过大的制动衬块，维修成本较低。

单元三　电子驻车 EPB

电子驻车 EPB（electrical parking brake）如图 4-18 所示，是指由电子控制方式实现停车制动的技术。

EPB 系统展现的是取代拉杆手刹的电子手刹按钮，比传统的拉杆手刹更安全，将传统的拉杆手刹变为一个触手可及的按键，不会因驾驶员的力度不同而改变制动效果。当驾驶员在车辆停驶后，按下驻车制动开关，通过内置在电子驻车系统 ECU 中的纵向加速度传感器来测算坡度，ECU 的微处理器通过复杂的算法计算出车辆在斜坡上由于重力而产生的下滑力，ECU 发出控制指令驱动卡钳电机对后轮施加摩擦阻力来平衡下滑力，使车辆能停在斜坡上。当车辆起步时，ECU 通过高速 CAN 总线与计算机通信来获得电机转速信号、电机转矩信号、油门踏板位置信号，同时采集其内部纵向加速度传感器的倾斜角度信号等进行计算，分析车辆行驶方向和道路倾斜状况，确定驻车制动器最佳的解除时刻，从而实现车辆顺畅起步。电子驻车制动器整体结构如图 4-19 所示。

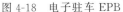

图 4-18　电子驻车 EPB　　　　　　　　　　图 4-19　电子驻车制动器

目前在汽车上应用的电子驻车制动技术主要有两种形式，一种是拉线式电子驻车制动系统，另一种是卡钳集成式电子驻车制动系统。拉线式电子驻车制动系统由于保留了传统机械驻车制动系统的拉线，所以它只是早期应用的一种过渡产品，在汽车上应用较少，目前在汽车上应用最多的是卡钳集成式电子驻车制动系统。该系统用电子按钮、电机组件替代了传统的驻车制动手柄、机械杠杆和拉线等控制件。电机组件被集成到了左右后制动卡钳上，电子控制单元（ECU）和电机组件直接通过电气线束进行连接，见图 4-20。

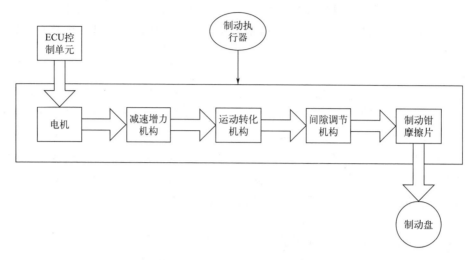

图 4-20　电子驻车制动控制逻辑

实施驻车制动时，电子驻车制动单元 ECU 输出电机驱动信号，当执行器接收到制动指令时卡钳电机旋转，电机通过传动带带动输入齿轮，输入齿轮连接着两排同轴行星齿轮机构，通过行星齿轮减速后，带动丝杆前进。

驻车制动器分解图如图 4-21 所示，丝杆前端是压紧螺母，通过丝杆将电机的旋转运动

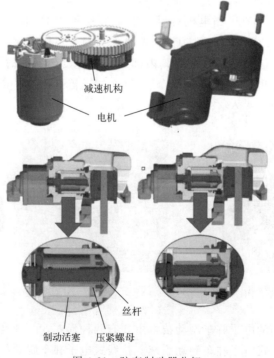

图 4-21　驻车制动器分解

转化为压紧螺母的直线运动。丝杆内部的芯轴螺纹保证了丝杆只能在螺纹上前后运动，也即实现了电机的收缩。丝杆位于制动活塞的内部，制动活塞的外部有液压制动管，也就意味着可以实现 ABS 的液压与 EPB 的联合制动。制动活塞前进的同时会顶住制动衬块，使制动衬块更紧地压住制动盘，通过制动盘与制动衬块之间的摩擦，最终可靠地实现制动。

与传统的手动机械驻车制动系统相比，电子驻车制动系统具有以下优点。

① 车厢内取消了驻车制动手柄，为整车内饰造型的设计提供了更大的发挥空间。

② 驻车制动由一个按键替代了驻车制动手柄，简单省力，降低了驾驶员尤其是女性的操作强度。

③ 随着汽车电子驻车控制技术的不断发展，该系统不仅能够实现静态驻车、静态释放（关闭）、自动释放（关闭）等基本功能，还增加了自动驻车和动态驻车等辅助功能。例如，大众车系上安装的 AUTO HOLD 自动驻车键，就能够完成上述功能，由于它将动态稳定控制系统引入电子驻车制动系统，因此它使得驾驶更安全、更方便。

模块综合实训

根据此模块的学习内容，完成学生工作手册中的相应内容。

模块五

悬架的构造与检修

 学习目标

1. 了解悬架的作用、分类和组成。
2. 能查阅资料，分析悬架的工作原理。
3. 能对照实物，说出悬架各组成零部件的名称、作用及安装位置。
4. 能查阅资料，明确悬架故障的检修内容、检修流程及检修方法。
5. 能正确领会学习任务要求，明确小组角色定位，团队合作进行组内反思和小组间展示交流，解说工作过程，总结出任务实施过程中存在的问题并提出合理的改进措施。
6. 能严格执行企业安全生产制度、环保管理制度和7S管理规定。
7. 能展示工作成果，进行实训任务评价，总结工作经验，优化检修方案。

建议学时

建议学时：8学时

工匠园地

为铸"利剑"不畏艰险

徐立平是航天科技特级技师，自1987年参加工作以来，一直从事固体火箭发动机药面整形工作，该工序是固体火箭发动机生产过程中最危险的工序之一，被喻为是"雕刻火药"。多年来，他承担过战略导弹、战术导弹、固体燃料运载火箭等国家重大专项武器装备生产，他次次不辱使命，安全精准操作。工艺要求0.5mm的整形误差，他却始终控制在0.2mm内。在重点型号火箭发动机研制生产中，他经常被指定为唯一操作者，在高危险、高精度、进度紧等严苛的生产条件下，经他整形的产品型面均一次合格，尺寸从无超差。

案例引入

一辆新能源电动汽车行驶20万千米后，出现方向不稳、跑偏故障，经路试检查发现，只要一踩加速踏板，方向立即偏左，松开加速踏板，方向又立即回右，车辆在公路上呈S形行驶。车主将车辆开进 4S 店进行维修，技术经理首先对车辆进行预检（图 5-1）。

图 5-1　预检车辆

 岗位工作流程

① 询问车主故障现象。

② 检查 4 个轮胎的磨损情况、减振器，检查轮胎螺栓转矩。

③ 外观检测正常后，安装车内三件套（转向盘套、座椅套、脚垫），检查转向盘自由间隙。

④ 经车主同意后，一同进行路试。

⑤ 路试后将故障现象填写在维修工单上。

⑥ 初步判断为减振器故障。

维修技师操作步骤如表 5-1 所示。

表 5-1　维修技师操作步骤

步骤	检查内容	图示
1	选用工具：音诊器，发动机舱二件套	
2	穿戴安全帽、安全鞋、工装、手套；车内安装转向盘套、座椅套、脚垫	

续表

步骤	检查内容	图示
3	将举升机支撑臂安全地支在车辆下方支撑点	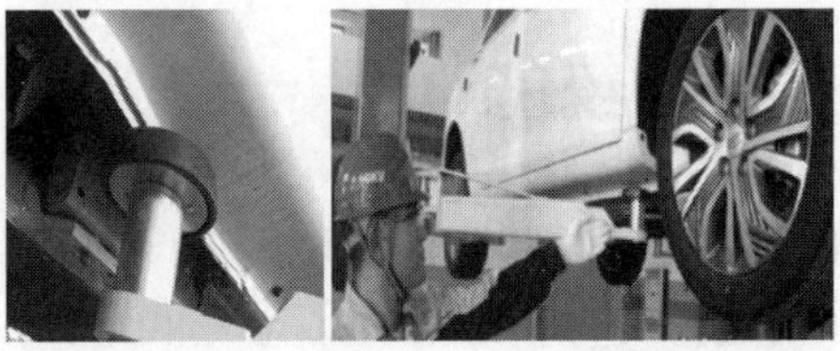
4	检查上横臂连接球头是否松旷，检查阻尼器是否漏油	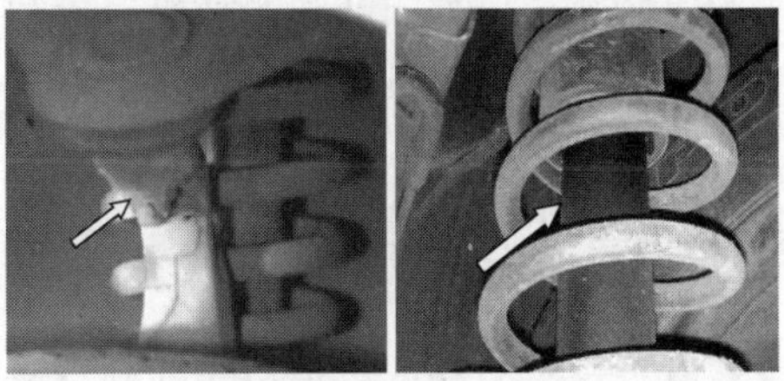
5	确定安全后，将车辆举升到维修人员的身高的高度，落锁。确定安全后方可进入车辆下方检查悬架的下摆臂	
6	检查下摆臂球头，检查下摆臂胶套	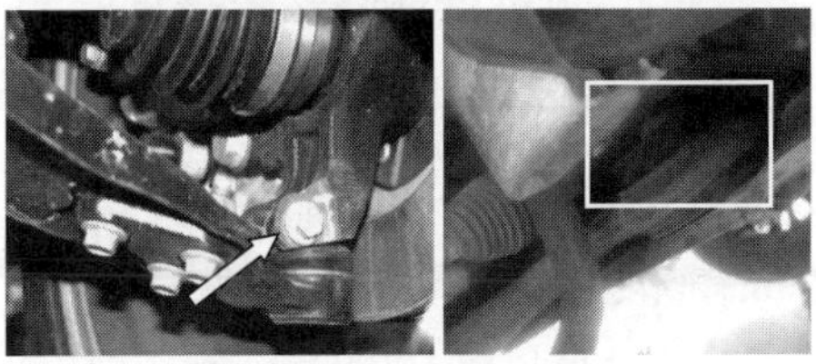
7	经检查，发现汽车悬架的阻尼器下方有油渍，初步断定阻尼器损坏，需要更换	

单元一　悬架系统的作用、种类

一、悬架系统的作用

悬架系统是汽车的车架与车桥或车轮之间的传力连接装置的总称，其功能是传递作用在车轮和车架之间的力和力矩，并且缓冲由不平路面传给车架或车身的冲击力以及衰减由此引起的振动，以保证汽车平稳行驶。悬架系统还有支持车身、改善乘坐舒适性的功能，不同的悬架设置会使驾驶员有不同的驾驶感受。看似简单的悬架系统综合了多种作用力，决定着汽车的稳定性、舒适性和安全性，是汽车关键的部件之一。

二、悬架系统的种类

一般来说，汽车的悬架系统分为非独立悬架和独立悬架两种，见表5-2。

表5-2　悬架系统的分类

类型	图示	功用
独立悬架	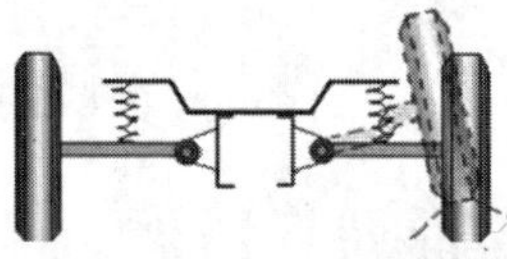	独立悬架的车轴分成两段，每只车轮由螺旋弹簧独立安装在车架下面，当一边车轮发生跳动时，另一边车轮不受影响，两边的车轮可以独立运动，提高了汽车的平稳性和舒适性
非独立悬架	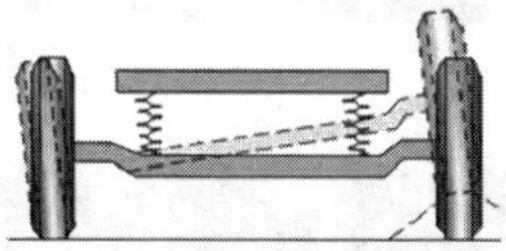	非独立悬架的车轮装在一根整体车轴的两端，当一边车轮跳动时，另一侧车轮也相应跳动，使整个车身振动或倾斜

独立悬架系统又可分为横臂式悬架系统、纵臂式悬架系统、多连杆式悬架系统、烛式悬架系统以及麦弗逊式悬架系统等，见表5-3。

表5-3　独立悬架系统

类型	图示	功用
横臂式悬架系统	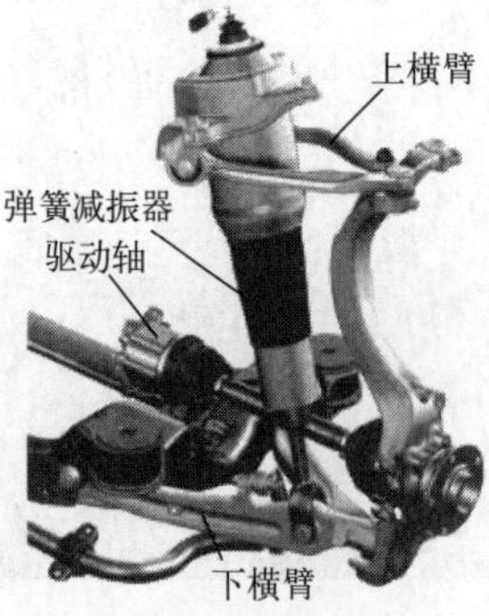 上横臂　弹簧减振器　驱动轴　下横臂	横臂式悬架系统是指车轮在汽车横向平面内摆动的独立悬架系统，按横臂数量又分为双横臂式悬架系统和单横臂式悬架系统。单横臂式悬架系统具有结构简单、侧倾中心高、抗侧倾能力强的优点。双横臂式悬架系统多应用在后悬架系统上，又分为等长双横臂式和不等长双横臂式两种悬架系统

续表

类型	图示	功用
纵臂式悬架系统	 　减振器弹簧总成　稳定杆　横臂　纵臂	纵臂式悬架系统是指车轮在汽车纵向平面内摆动的悬架系统，又分为单纵臂式和双纵臂式两种结构形式。单纵臂式悬架系统当车轮上下跳动时会使主销后倾角产生较大的变化，因此单纵臂式悬架系统不用在转向轮上。双纵臂式悬架系统的两个摆臂一般做成等长的，形成一个平行四杆结构。这样当车轮上下跳动时主销的后倾角保持不变。双纵臂式悬架系统多应用在转向轮上
多连杆式悬架系统	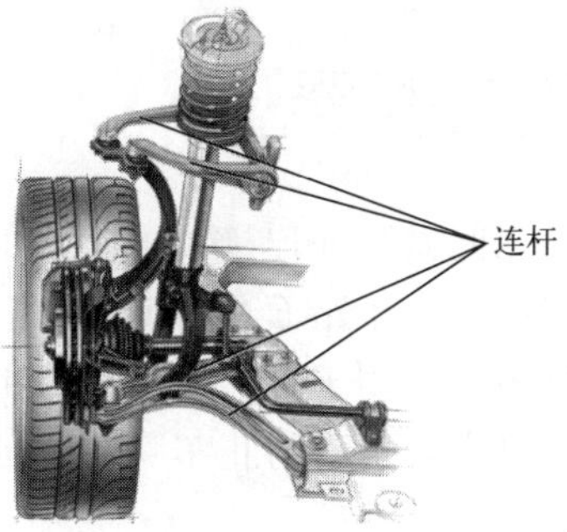 　连杆	多连杆式悬架系统是由3～5根杆件组合起来控制车轮的位置变化的悬架系统。多连杆式悬架系统能使车轮绕着汽车纵轴线在与汽车纵轴线成一定角度的范围内摆动，是横臂式悬架系统和纵臂式悬架系统的综合。适当地选择摆臂轴线与汽车纵轴线所成的夹角，可不同程度地获得横臂式悬架系统与纵臂式悬架系统的优点，能满足不同的使用性能要求。多连杆式悬架系统的主要优点是当车轮跳动时轮距和前束的变化很小，不管汽车是在驱动状态还是制动状态都可以按驾驶者的意图进行平稳转向；其不足之处是在汽车高速运行时有轴摆动现象
烛式悬架系统	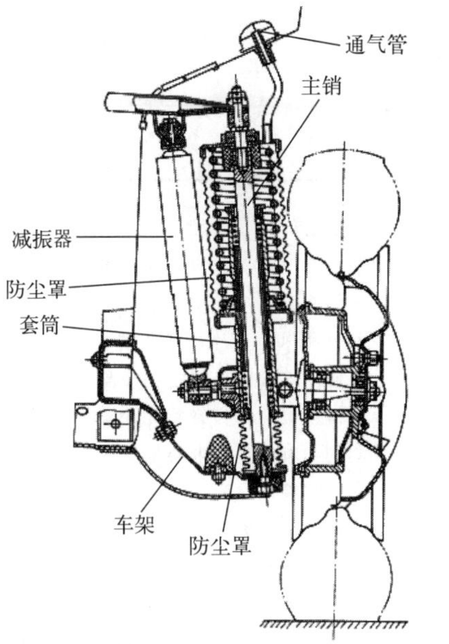 　通气管　主销　减振器　防尘罩　套筒　车架　防尘罩	烛式悬架系统的结构特点是车轮沿着刚性地固定在车架上的主销轴线上下移动。烛式悬架系统的优点是当悬架系统变形时，主销的定位角不会发生变化，仅是轮距、轴距稍有变化，因此特别有利于汽车的转向操纵稳定和行驶稳定。但烛式悬架系统有一个大的缺点：汽车行驶时的侧向力会全部由套在主销套筒上的主销承受，致使套筒与主销间的摩擦阻力加大，磨损也较严重

类型	图示	功用
麦弗逊式悬架系统		麦弗逊式悬架系统也是车轮沿着主销滑动的悬架系统。但与烛式悬架系统不完全相同，它的主销是可以摆动的。麦弗逊式悬架系统是摆臂式悬架系统与烛式悬架系统的结合。与双横臂式悬架系统相比，麦弗逊式悬架系统的优点是结构紧凑、车轮跳动时前轮定位参数变化小、良好的操纵稳定性，加上由于取消了上横臂，给发动机及转向系统的布置带来方便；与烛式悬架系统相比，它的滑柱受到的侧向力有较大的改善。麦弗逊式悬架系统多应用在中小型轿车的前悬架系统上，如国产奥迪、桑塔纳、夏利、富康等轿车的前悬架系统均为麦弗逊式独立悬架系统。麦弗逊式悬架系统虽然并不是技术含量最高的悬架系统，但它仍是一种经久耐用的独立悬架系统，具有很强的道路适应能力

单元二　悬架系统弹性元件及减振器

弹性元件使车架（或车身）与车桥（或车轮）之间做弹性连接，可以缓和由于路面不平带来的冲击，并承受和传递垂直载荷。减振器可以减少由于路面冲击产生的振动，使振动的振幅迅速减小。导向机构包括纵向推力杆和横向推力杆，用于传递纵向载荷和横向载荷，并保证车轮相对于车架（或车身）的运动关系。横向稳定器可以防止车身在转向等情况下发生过大的横向倾斜。

一、弹性元件

弹性元件见表 5-4。

表 5-4　弹性元件

类型	图示	功用
钢板弹簧	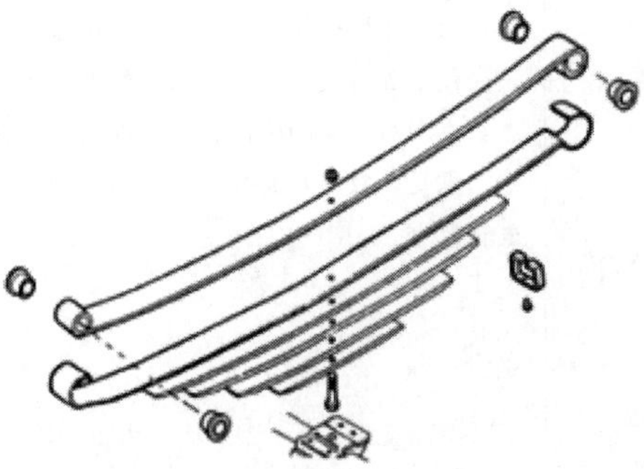	钢板弹簧由若干片长度不等的合金弹簧钢片叠加而成，构成一根近似等强度的弹性梁。最长的一片称为主片，其两端卷成卷耳，内装衬套，以便用弹簧销与固定在车架上的支架或吊耳形成铰链连接。各弹簧片用中心螺栓连接，并保证各片的相对位置。中心螺栓距两端卷耳中心的距离可以相等，称为对称式钢板弹簧；也可以不相等，称为非对称式钢板弹簧。为防止汽车在行驶过程中各弹簧片分开，在钢板弹簧上装有若干弹簧夹，以免主片独自承载。弹簧夹通过铆钉与最下片弹簧片相连，弹簧夹两边通过螺栓相连，螺栓上有套

续表

类型	图示	功用
钢板弹簧		管，装配时要求螺母朝向轮胎，以免螺栓脱落时刮伤轮胎，甚至崩飞伤人。钢板弹簧在载荷作用下变形时，各片之间会相对滑动而产生摩擦，这可以减少车架的振动。但摩擦会加速弹簧片的磨损，所以在装配钢板弹簧时，各片之间要涂抹石墨润滑脂或装有塑料垫片以减摩
螺旋弹簧		螺旋弹簧广泛应用于独立悬架，有些轿车的后轮非独立悬架也采用螺旋弹簧作为弹性元件。由于螺旋弹簧只能承受垂直载荷，且变形时不产生摩擦力，因此悬架中必须装有减振器和导向机构。螺旋弹簧由特殊的弹簧钢棒卷制而成，可以制成圆柱形或圆锥形，也可以制成等螺距或不等螺距。圆柱形等螺距螺旋弹簧的刚度是不变的，圆锥形或不等螺距螺旋弹簧的刚度是可变的
气体弹簧		气体弹簧分为空气弹簧和油气弹簧两种。空气弹簧又有囊式和膜式两种形式。空气弹簧的结构、原理都很简单，下面仅介绍油气弹簧的结构、原理。油气弹簧的球形室固定在工作缸上，球形室的内腔用橡胶油气隔膜隔开，充入高压氮气的一侧为气室，与工作缸相通并充满油液的一侧为油室。工作缸内装有活塞、阻尼阀及其阀座

二、减振器

汽车中广泛使用液压减振器，其基本原理是，当车架与车桥做往复相对运动时，减振器中的油液反复经过活塞上的阀孔，由于阀孔的节流作用及油液分子间的内摩擦力便形成了衰减振动的阻尼力，使振动的能量转变为热能，并由油液和减振器壳体吸收，然后散到大气中。

液压减振器（图 5-2）主要由上支座、活塞杆、液压油、活塞、储油缸体、压力筒、底部阀、下支座以及通流阀组成。上支座与活塞、活塞杆连为一体，连接至车身；下支座与压力筒连为一体，连接至车架摆臂。

当车辆因振动而出现相对运动的时候，减振器内部的活塞便会上下移动，而其油腔内部的液压油便会通过活塞上面的通流阀反复地从一个腔流入另一个腔。随着通流阀孔壁与油液间的摩擦，以及油液分子之间的内摩擦对产生的振动形成阻尼力，振动能量被转化为热能并散发到大气当中。

阀门越大，阻尼力越小，反之亦然。相对运动速度越大，阻尼力越大，反之亦然。阻尼力越大，振动的衰减越快，但悬架弹性元件的缓冲效果不能发挥，乘坐也不舒适，因此，弹性元件的刚度与减振器的阻尼力要合理搭配，才能保证乘坐舒适性和操纵稳定性的要求。目前汽车上应用最广泛的是双向作用筒式减振器。

近年来，有的高级轿车上采用充气式减振器（图5-3）。充气式减振器分为单管式和双管式（表5-5），在减振器缸筒的下部有一个浮动活塞，使工作腔形成三个部分。在浮动活塞与缸筒一端形成的腔室中充入高压氮气；浮动活塞的上面是减振器油液，浮动活塞上装有大断面的O形密封圈，把油和气完全隔开，形成封气活塞；工作活塞上装有随其运动速度大小而改变通道截面积的压缩阀和伸张阀，此二阀均由一组厚度相同、直径不等、由大到小而排列的弹簧钢片组成。

当车轮跳动时，减振器的工作活塞在油液中往复运动，使工作活塞的上腔与下腔之间产生油压差，压力油便推开压缩阀或伸张阀而来回流动。阀对压力油产生较大的阻尼力从而使振动衰减。

由于下腔高压氮气的存在，因此可以利用氮气的膨胀和压缩，借助浮动活塞的上下运动来补偿因活塞杆的进出而引起的缸筒容积的变化，从而不再需要储油腔，当然也就不需要储油缸筒了。

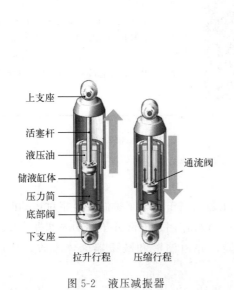

图5-2　液压减振器

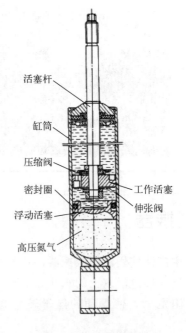

图5-3　充气式减振器

表 5-5　气压阻尼器种类

图示	功用
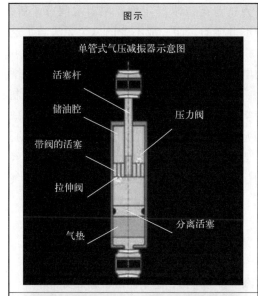 单管式气压减振器示意图 活塞杆　储油腔　压力阀　带阀的活塞　拉伸阀　气垫　分离活塞	在单管式气压减振器中，工作油腔与储油腔位于一个缸体（单管）中，压缩与拉伸行程的减振阀都集成在活塞中。当悬架弹簧受压时活塞杆的推入会改变油体积，且油体积的变化量等于受压气垫中气体体积的变化量
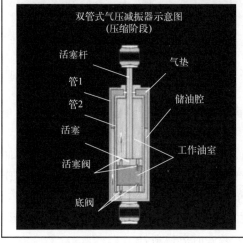 双管式气压减振器示意图 （压缩阶段） 活塞杆　气垫　管1　管2　储油腔　活塞　工作油室　活塞阀　底阀	双管式气压减振器由两个安装在一起的管组成，内管充满了液压油，外管与内管之间是储油腔，但并不充满，上部是气垫。工作中，储油腔的油量等于工作室中油量的变化量。减振阀分布在活塞和工作油室底部，减振器下压时主要由底阀完成减振工作，而拉伸时活塞阀起了决定性的作用

随着人们对轿车乘坐舒适性要求的提高，越来越多的空气悬架得到应用，且从普通空气悬架过渡到电控空气悬架系统（图 5-4）。

电控空气悬架的主要特点就是软硬程度和车身控制可以调节。与此相对，传统悬架是不可调整的，在行车中车身高度的变化取决于弹簧的变形。因此就自然存在一种现象，当汽车空载和满载的时候，车身的离地间隙是不一样的。尤其是一些轿车采用比较柔软的螺旋弹簧，满载后弹簧的变形行程会比较大，导致汽车空载和满载的时候离地间隙相差较多，使汽车的通

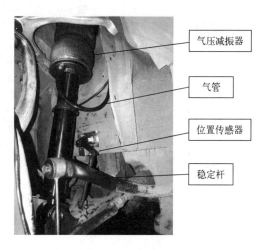

气压减振器

气管

位置传感器

稳定杆

图 5-4　电控空气悬架

过性受到影响。同时，汽车不同的行驶状态对悬架有不同的要求。一般行驶时需要柔软一点的悬架以求舒适感，当急转弯及制动时又需要硬一点的悬架以求稳定性，两者之间有矛盾。另外，汽车行驶的不同环境对车身高度的要求也是不一样的。而一成不变的悬架无法满足这种矛盾的需求，只能采取折中的方式去解决。

电控空气悬架的出现解决了上述问题。典型的电控空气悬架在普通空气悬架的基础上增加了电子控制元件（ECU）、空气压缩机、车高传感器、转向角度传感器、速度传感器、制动传感器等元件。电控空气悬架的调整是通过改变空气容量和压力来实现的。如电控气压减振器可通过一个调整活塞阀孔径大小的控制杆将阻尼分成多级，从而实现控制阻尼的目的。而在双气室之间采用阀门调节的做法也能使空气悬架在软硬之间发生变化。因为连通的双气室总容积使空气悬架作用时比较柔软，一旦关闭阀门，以一个气室的容量来承担冲击，空气悬架作用时就会变硬。

三、悬架系统的检查

汽车悬架系统常见故障主要有减振器工作失常、汽车自行跑偏、悬架撞击、悬架发响等。

1. 前悬架异响的原因

① 前悬架连接松动而在运行中发响，应及时拧紧连接螺栓。

② 防尘垫及减摩垫润滑不良，导致干摩擦而产生异响，应加涂润滑脂。

③ 防尘罩与螺旋弹簧垫贴合部位损坏，前悬架绕活塞杆摇动时出现响声，应及时更换磨损部件。

④ 由于左、右臂球头角或球头座是互相贴合的，损坏后会发生相对滑动，以致出现响声。

悬架频繁发生撞击的主要原因如下：在不平路面上行驶时，汽车前、后悬架容易与缓冲限位块发生撞击，应检查前、后悬架螺旋弹簧是否产生较大的塑性变形、折断；减振器工作性能差，工作失效；车辆超载后变形过大，支座及垫片老化变形或有关部件损坏。

悬架系统维护检查步骤见表5-6。如果发现前稳定杆支架变形损坏、橡胶件老化变形，以及纵拉杆和连接件磨损损坏等情况，应及时修复，必要时更换新件。

表 5-6   悬架系统维护检查步骤

步骤	图示
（1）检查前/后减振器有无漏油痕迹或衬套上的其他损坏，检查支座端是否有损伤。如有损伤部件，应更换	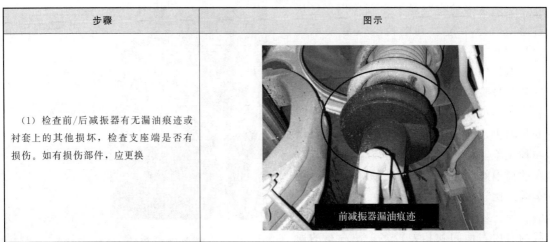 前减振器漏油痕迹

续表

步骤	图示
（2）检查前/后悬架装置是否有损坏、松脱或丢失零件，还应检查部件是否有损伤	
（3）检查前、后悬架上弹簧座有无脱开、撕裂或其他损坏。如有损伤，应更换	
（4）检查悬架螺栓与螺母是否拧紧，必要时，应重新拧紧。如有损伤部件，应维修或更换	
（5）检查前悬架上、下摆臂的要点 ① 检查衬套的磨损和老化状况 ② 检查下摆臂是否弯曲或断裂 ③ 检查防尘套是否开裂 ④ 检查所有螺栓	

续表

步骤	图示
（6）检查下摆臂球头；如果防尘套有裂纹应更换防尘套总成	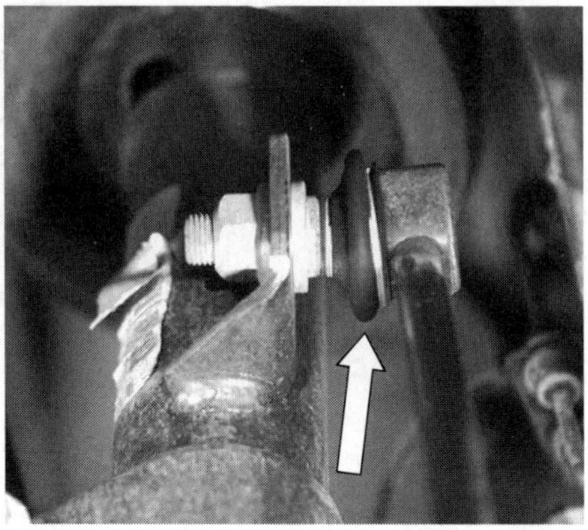

2. 减振器工作效能检查

减振器的弹跳试验见表5-7。若检查中发现有异常或声响时，应修复或更换新件，流程见表5-8。

表 5-7　减振器的弹跳试验

步骤	图示
（1）将车辆停放在坚硬平坦的地面上。进行弹跳试验前，要去除任何可能影响车辆从弹跳恢复平稳的变量。松软或不平坦的地面会影响车辆停放，从而降低试验结果的可靠性。柏油路或混凝土地面是进行此试验的首选地面。地面不平坦会使车辆重心转移，导致悬架不能正常响应	
（2）用力向下按压车辆前部。弹跳试验的要求是压缩悬架并评估其恢复情况。为此，将双手掌心向下，放在车辆前部比较稳固的地方（如引擎盖），并用全身的重量向下压。然后移开双手，观察车辆回升情况。最好是按压车头最前端的机舱盖处，以免留下凹痕。如果力量不够无法压缩悬架，可以找其他人帮忙	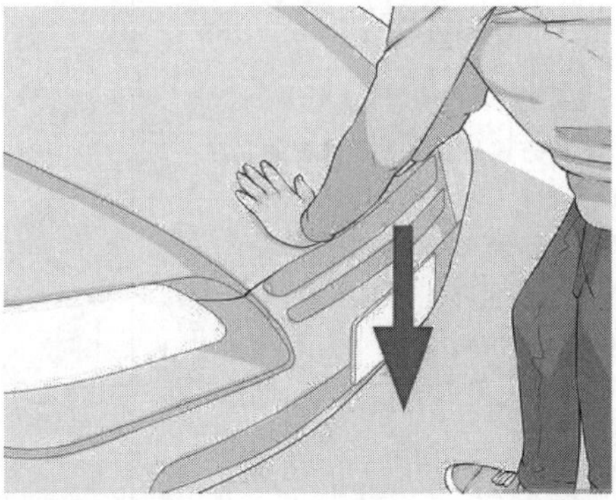

步骤	图示
（3）记录悬架恢复平稳所需的弹跳次数。双手拿开后，应该能在单次弹跳后恢复平稳。如果在恢复过程中弹跳多次，说明车辆前部的减振器可能坏了。即使在移开双手前多次按压引擎盖，也应该能在单次弹跳后就恢复平稳	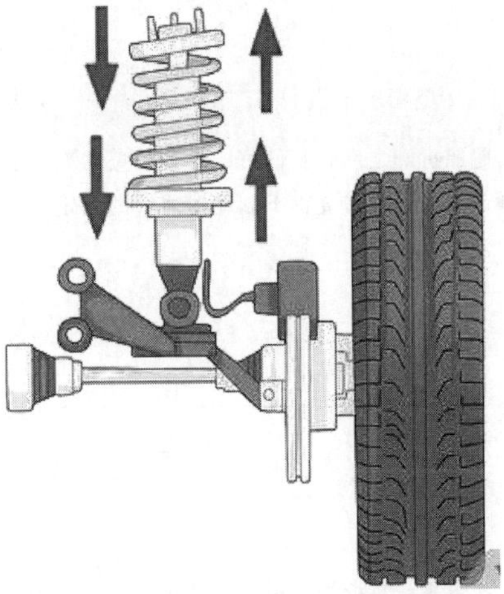
（4）在车辆后部重复弹跳试验。检查完前悬架后，再检查车辆后部，向下压后备厢盖，重复上述过程。与前悬架一样，后悬架应该能在单次弹跳后恢复平稳。如果车辆在恢复平稳之前弹跳多次，那就需要专业人员检查减振器。切勿按压扰流板或散热片，它们通常由玻璃纤维制成，受压后容易断裂	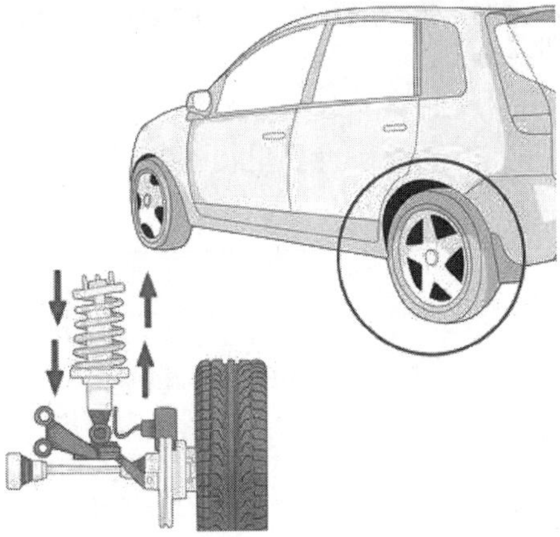

表 5-8　减振器的更换流程

步骤	图示
（1）首先将车轮按照对角顺序把螺母松动，但不用拧下来。用举升机把车子抬起，高度不用太高，方便操作就可以。按对角顺序将车轮螺母全部拧下来，并取下车轮	

步骤	图示
（2）轮胎拆卸之后，我们可以看到减振器上面安装了不少的螺母、螺栓，首先拆下制动器油管的固定螺母	
（3）接下来就是拆卸减振器下端两个螺栓，用开口扳手或套筒扳手一头套住螺栓的外六角头，另一头套螺母，拆卸这两个螺栓要求力度较大，单人操作时用加力套管可以更方便拆卸	
（4）将减振器上面连接下稳定杆（下平衡杆球头）的固定螺母拆卸下来	
（5）打开汽车前机舱盖，将减振器塔顶三个固定螺母拆下，这里可以使用开口扳手、套筒扳手，只要适合都没有问题，此螺母只是定位，螺母外径一般只有 13～14mm	

续表

步骤	图示
（6）将减振器从前悬架上面取下来，此时可以顺便检查下平衡杆球头的磨损情况，正常的球头没有间隙，而且向各个方向转动时虽带有一定阻尼，但转动灵活不卡顿	
（7）用专业工具压缩减振弹簧，在压缩弹簧时，要左右压力均匀、双人操作、注意安全。当压缩器发生位移时，终止操作，重新安装后再进行压缩	
（8）用减振器弹簧压缩专用工具将减振弹簧收紧、压缩，当减振弹簧被压缩到位后，防尘套被松脱之时，用工具拆下减振器上端轴承端盖。拆卸之后，要仔细检查轴承的磨损和润滑情况，必要时抹上润滑油脂或更换	
（9）进一步检查减振器的损坏情况，再次证实减振器伸缩挺杆已经不具备正常弹力了，损坏的减振器伸缩挺杆已经不能正常弹出。更换新的减振器，查看减振器型号是否一致。检查新购的减振器是否正常，挺杆应缓慢伸出，用手压进去一会又可以自然弹出	

续表

步骤	图示
（10）安装减振器上端轴承端盖 ① 注意防尘套的安装是在减振器伸缩挺杆的中心位置 ② 减振弹簧的上端盖是有固定卡口的，要对准卡口才能拧紧螺母 ③ 安装减振器要在将缓冲块胶套套进减振器伸缩挺杆后，最后才能安装弹簧，返工是件非常麻烦的事情	
（11）安装好减振弹簧后，将减振器安装在悬架上时，发现下平衡杆球头不能轻松安装，此时只要用撬棍往下压下平衡杆，就能轻松将球头螺杆插入减振器螺纹孔了	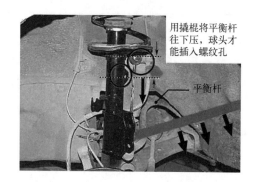
（12）将减振器所有的螺母、螺栓复位拧紧后，将轮胎安装回原位	

模块综合实训

根据此模块的学习内容，完成学生工作手册中的相应内容。

模块六

轮胎的检查及换位

📖 学习目标

1. 了解轮胎的作用、分类和组成。
2. 能查阅资料，分析轮胎的工作原理。
3. 能对照实物，说出轮胎各组成零部件的名称、作用及安装位置。
4. 能查阅资料，明确轮胎故障的检修内容、检修流程及检修方法。
5. 能正确领会学习任务要求，明确小组角色定位，团队合作进行组内反思和小组间展示交流，解说工作过程，总结出任务实施过程中存在的问题并提出合理的改进措施。
6. 能严格执行企业安全生产制度、环保管理制度和7S管理规定。
7. 能展示工作成果，进行实训任务评价，总结工作经验，优化检修方案。

建议学时

建议学时：6学时

工匠园地

政策支持 行业发展

近年来，我国轮胎企业的技术水平在充分竞争环境下快速发展，一方面消化吸收国际先进的轮胎技术，另一方面在与各大科研机构、高等院校的合作研发中不断开拓创新，逐渐缩小与世界先进水平的差距。我国制造的轮胎已能在多类场景测试中取得较外国品牌更为优异的测试成绩，在轮胎产品品种和规格等技术层面都有大幅度提高。我国已成为世界轮胎生产的第一大国，并逐渐形成了具备完善产业配套与规模优势的产业集群（图6-1）。随着汽车保有量的增加，国内汽车后市场规模呈持续增长趋势，国内替换胎市场预计将不断增长。

图6-1　轮胎制造产业

案例引入

一辆新能源电动汽车，行驶了 20 万千米，期间换过 2 次轮胎，在第 2 次更换轮胎后，在行驶时发现车辆抖动，随着速度的增加，车辆抖动明显，轮胎噪声增大。驾驶员到 4S 店维修，技术经理首先对车辆进行预检，如图 6-2 所示。

图 6-2　车辆预检

岗位工作流程

① 首先询问驾驶员，在更换轮胎后是否做过轮胎动平衡。

② 检查轮胎上是否有异物。

③ 检查 4 个轮胎型号是否一致。

④ 检查轮胎胎面磨损情况。

⑤ 经驾驶员同意后，安装车内三件套（转向盘套、座椅套、脚垫），一同试车。

⑥ 将故障现象正确填写到维修工单中。

维修技师操作步骤见表 6-1。

表 6-1　维修技师操作步骤

检查步骤	图示
（1）选用工具：胎压表、深度尺、发动机舱三件套	

续表

检查步骤	图示
（2）穿戴安全帽、安全鞋、工装、手套；车内安装转向盘套、座椅套、脚垫	
（3）可就车检查，将车辆举升离地 20cm 时，松开手刹或电子手刹，旋转车轮并检查轮胎花纹，检查轮胎是否扎有异物，使用深度尺检查轮胎花纹。也可拆下轮胎检查	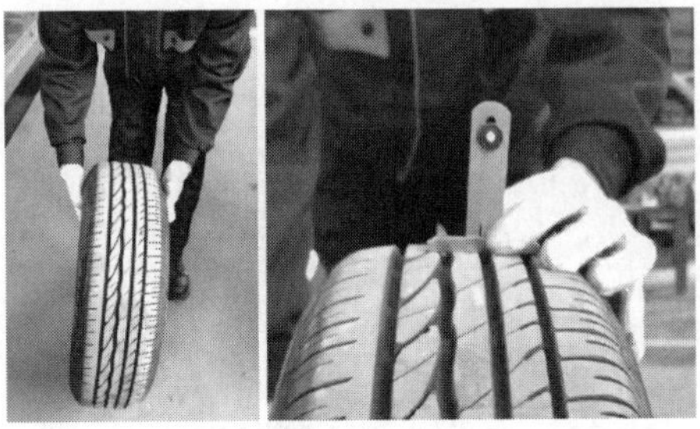
（4）首先找到车辆上轮胎气压的标识牌，记录车辆标准胎压，使用轮胎气压表检查 4 个轮胎的胎压，胎压低于标准，应进行充气，胎压高于标准时进行放气调整	
（5）将肥皂水刷在充气阀上，检查是否漏气。轮胎维修后，应用肥皂水刷在维修处检查气密性	

单元一   车轮的组成及分类

一、 车轮组成

　　车轮由轮胎、轮毂、轮辋以及它们之间的连接部分组成。车轮类型按照连接部分（轮辐）的构造可分为辐板式和辐条式两种主要形式。

　　① 辐板式车轮，主要由挡圈、轮辋、轮毂、气门嘴伸出口等组成，如图 6-3 所示。辐板式车轮结构简单、维修方便、刚度好、成本低，因而被广泛采用。

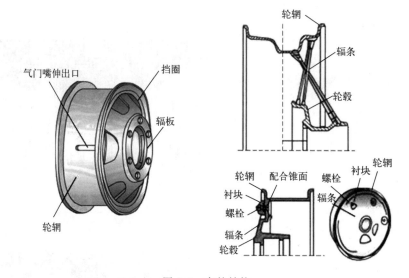

图 6-3   车轮结构

　　② 辐条式车轮是用辐条将轮辋和轮毂组装在一起。辐条式车轮质量轻、造型好，但由于需要装配，因而生产效率低、成本高，一般在赛车及高档轿车上采用。

二、车轮的主要零部件

　　1. 轮毂

　　轮毂与制动鼓、轮盘和半轴凸缘连接，由圆锥滚子轴承支承在转向节轴颈或半轴套管上。

　　2. 轮辐

　　辐板式车轮是将轮辋和轮辐铸造成一体，具有重量轻、尺寸精度高等优点，可改善车轮的空气动力学特性。辐条式车轮上的轮辐是钢丝辐条或者是和轮毂铸成一体的铸造辐条。

　　3. 轮辋

　　轮辋也称钢圈，按结构特点，可分为深式轮辋、平式轮辋和可拆式轮辋三种，见表 6-2。

表 6-2　轮辋的种类

图示	功用
深式轮辋	代号 DC。深式轮辋为整体式，结构简单，刚度大，质量较小，对于小尺寸弹性较大的轮胎最适宜，主要用在轿车及轻型越野车上
挡圈 锁圈 平式轮辋	代号 FB。平式轮辋底面呈平环状。它的一边有凸缘，另一边用可拆卸的挡圈作为凸缘，用具有弹性的开口锁圈来防止挡圈脱出。其适用于大尺寸较硬的轮胎，一般多用于大、中型货车上
挡圈 可拆式轮辋	代号 DT。可拆式轮辋由内外两部分组成。其内、外轮辋的宽度可以相等，也可以不相等，二者用螺栓连成一体。其主要用于大、中型越野汽车

三、汽车轮辋规格表示及材质

　　国产汽车轮辋规格用轮辋的断面宽度（英寸）和轮辋的名义直径（英寸）以及轮缘高度代号（用拉丁字母作代号）表示，即"轮辋名义直径 x/-轮辋名义宽度"。轮辋名义直径后面的 x 表示一件式轮辋；-表示两件或多件式轮辋。例如，东风 EQ1092 型汽车轮辋规格为 7.0-20，含义为轮辋断面宽度为 7 英寸，多件式轮辋，轮辋名义直径为 20 英寸。

　　目前常见的汽车轮辋材质有两类（图 6-4），分别是铝合金和钢。

　　两种材质的区别如下。

　　① 重量不同：铝合金圈刚性好、重量轻。相比于铝合金圈，钢圈就重许多。

　　② 油耗不同：由于铝合金圈的重量比较轻，所以汽车在行驶过程中并不会消耗太多的动力，在行驶中就会减少油耗。而钢圈的重量大，汽车在行驶过程中，会将一部分动力用于克服行驶阻力，从而会消耗比较多的燃油。

　　③ 硬度不同：由于铝合金圈在制造的过程中融入了大量金属元素的优

钢圈　　　　　铝合金圈

图 6-4　轮辋材质

点，所以具有比较大的硬度，因此铝合金圈能够承受比较大的压力。而钢圈本身的硬度虽然比较高，但和铝合金圈相比坚硬程度还是要逊色些许。

④ 散热性能不同：由于铝合金圈具有散热快的优点，所以能够将汽车在制动时产生的热量快速消耗掉，延长轮胎以及制动系统的使用寿命，减少车轮爆胎的概率。而钢圈的散热性比不上铝合金圈，这是因为钢元素散热比较慢，往往汽车产生的热量还存在轮胎内。

⑤ 应用的车型不同：在平常生活中，大货车、卡车等比较大型的车辆使用的轮辋都是钢圈，而现在的家用轿车、SUV 车型大多采用铝合金圈。

单元二　轮胎的作用及结构

轮胎作为汽车与地面接触的零部件，通常安装在金属轮辋上，能支承车身、缓和外界冲击、实现与路面的接触并保证车辆的行驶性能。轮胎性能的好坏直接影响车辆驾驶员和乘客的安全。轮胎常在复杂和苛刻的条件下使用，它在行驶时承受着各种变形、负荷、力以及高低温作用。

一、轮胎的作用与分类

1. 作用

轮胎用于支承汽车的总重量，与汽车悬架共同吸收、缓和汽车行驶时所受到的冲击和振动，以保证良好的乘坐舒适性和行驶平顺性。保证轮胎与路面的良好附着性，能提高汽车的动力性、制动性和通过性。

2. 分类

① 按胎体结构分：充气轮胎和实心轮胎。充气轮胎被广泛采用；而实心轮胎很少使用。

② 按工作气压分：0.5～0.7MPa 高压胎；0.15～0.45MPa 低压胎；0.15MPa 以下超低压胎。

③ 按胎面花纹分（图 6-5）：通用花纹轮胎，细而浅，此种轮胎适用于比较好的硬路面；越野花纹轮胎，凹部深粗，附着性好，越野能力强；混合花纹轮胎，介于普通花纹和越野花纹之间。

图 6-5　轮胎花纹种类

二、充气轮胎的结构

充气轮胎分为有内胎轮胎和无内胎轮胎，见图6-6。

1. 有内胎的充气轮胎

有内胎的充气轮胎由内胎、外胎和垫带组成。内胎中充满着压缩空气。垫带放在内胎与轮辋之间，防止内胎被轮辋及外胎的胎圈擦伤和磨损。外胎是用耐磨橡胶制成的强度高而又有弹性的外壳，直接与地面接触，以保护内胎不受损伤。外胎由胎圈、带束层、胎面和帘布层组成。

(a)有内胎轮胎   (b)无内胎轮胎

图 6-6　轮胎的结构

帘布层是外胎的骨架，其主要作用是承担载荷，保护轮胎外缘尺寸和形状，通常由多层橡胶化的棉线或其他纤维组织组成。帘布层的帘线按一定角度交叉排列，帘布的层数越多强度越大，但弹性越低。根据外胎帘布层结构不同，轮胎可分为普通斜交轮胎和子午线轮胎。

① 普通斜交轮胎：帘布层与带束层各相邻层帘线交叉，且与胎面中心线呈小于90°角排列的充气轮胎。普通斜交轮胎噪声小，外胎面柔软，价格便宜。

② 子午线轮胎：胎体帘布层帘线与胎面中心线呈90°或接近90°排列的充气轮胎。胎体较柔软，而带束层层数较多，胎面的刚度和强度高。子午线轮胎的优点是与斜交轮胎相比使用寿命长；滚动阻力小，节省燃料；承载能力大；附着性能好；减震性能好；胎温低，散热快；胎面不易穿刺，不易爆胎。子午线轮胎的弱点是胎面与胎侧过渡区及胎圈附近易产生裂口，对材料及制造技术要求很高，制造成本较高。

2. 无内胎的充气轮胎

无内胎的充气轮胎没有充气内胎，但在外胎内壁有一层很薄的专门用来封气的橡胶密封层，胎缘部位留有余量，密封层被紧贴在轮辋上，空气直接压入外胎中。无内胎的充气轮胎的特点是只在轮胎爆破时才会失效，且轮胎爆破后可从外部紧急处理；钉子刺破轮胎后，内部空气不会立即泄掉，仍能安全地继续行驶一段路程。

单元三　轮胎的参数

一、汽车轮胎品牌标识

首先要了解国产轮胎的品牌，具体见表6-3。

表6-3　国产轮胎品牌

双星轮胎	三角轮胎	回力轮胎	玛吉斯轮胎
双星 DOUBLESTAR	TRIANGLE GROUP 三角集团	回力轮胎 WARRIOR	MAXXIS
朝阳轮胎	玲珑轮胎	正新轮胎	佳通轮胎
CHAO YANG 朝阳轮胎	玲珑轮胎	正新轮胎 CHENG SHIN TIRE	Giti

二、轮胎的规格参数

轮胎规格是轮胎几何参数与物理性能的标志数据，形象地说就是车子所穿的四只鞋子的大小，鞋底的设计决定鞋的功能是适合慢跑还是快跑。不同规格的轮胎对于整车的性能表现以及舒适性都会产生影响。

国际标准的轮胎规格由六部分组成：轮胎宽度（mm）＋轮胎断面的扁平比（%）＋轮胎类型代号＋轮辋直径（英寸）＋负荷指数＋许用车速代号。轮胎宽度、轮辋直径及扁平比如图6-7所示，其中扁平比为胎厚与胎宽的百分比。

扁平比=$H/W \times 100\%$

图6-7　轮胎规格

1. **轮胎宽度**

汽车轮胎的宽度一般有185mm、205mm等规格。

2. **轮胎断面的扁平比**

目前国产轿车采用较多的是高扁平比的轮胎。高扁平比的轮胎由于胎壁长，缓冲能力强，相对来说舒适性较高，但对路面的感觉较差，转弯时的侧向抵抗力弱。

低扁平比、大内径的轮胎，胎壁较短，胎面宽阔，因此接地面积大，轮胎可承受的压力亦大，对路面反应非常灵敏，转弯时的侧向抵抗能力强，使车辆的操控性大大加强。

3. 轮胎类型代号

常见的标识有"X"（高压轮胎），"R""Z"（子午线轮胎），"—"（低压轮胎）。市场上的轿车一般采用子午线轮胎，且目前已经实现了子午线轮胎无内胎，俗称"原子胎"。这种轮胎在高速行驶中不易聚热，当轮胎受到钉子或尖锐物穿破后，漏气缓慢，可继续行驶一段距离。另外，原子胎还有简化生产工艺、减轻重量、节约原料等优势。

4. 轮辋直径

轮辋直径是轮胎规格中非常重要的组成部分，它的大小影响着车辆的性能和安全性。在选择轮胎和轮辋直径时，需要考虑多个因素，轮辋直径会影响车辆的驾驶质感和平稳性。越大的轮辋需要锁定的空气越多，因此相对而言越沉重，不但增加了车辆的整体重量，而且对悬挂系统的调整带来很大的压力。

5. 负荷指数

轮胎负荷指数也就是轮胎载重指数，见表6-4。轮胎在规定的使用条件下，所能承受最大负荷的数字代号，就是轮胎负荷指数。轮胎的负荷指数为70～109，所代表的最大载重量为335～1030kg，如果超过了轮胎最大的承载能力，轮胎不会立即损坏，但是轮胎长时间超负荷工作会使轮胎产生疲劳，缩短轮胎的使用寿命。

表 6-4　轮胎常用载重指数对照表

指数	载重/kg	指数	载重/kg	指数	载重/kg
70	335	85	515	100	800
71	345	86	535	101	825
72	355	87	545	102	850
73	365	88	560	103	875
74	375	89	580	104	900
75	387	90	600	105	925
76	400	91	615	106	950
77	412	92	630	107	975
78	425	93	650	108	1000
79	437	94	670	109	1030
80	450	95	690		
81	462	96	710		
82	475	97	730		
83	487	98	750		
84	500	99	775		

6. 速度代号

汽车轮胎速度代号可以分为 A～Z 这 24 个不同代号（没有 I 和 O 级），见表 6-5，其中 A 级又可细分为 A1～A8 这 8 个不同等级。每条轮胎胎侧都刻有此轮胎的速度代号（又称速度级别），对照速度代号就可知道此轮胎的最高速度。

表 6-5　轮胎速度等级对照表

代号	速度/（km/h）	代号	速度/（km/h）	代号	速度/（km/h）
A1	5	D	65	Q	160
A2	10	E	70	R	170
A3	15	F	80	S	180
A4	20	G	90	T	190
A5	25	J	100	U	200
A6	30	K	110	H	210
A7	35	L	120	V	240
A8	40	M	130	W	270
B	50	N	140	Y	300
C	60	P	150	ZR	＞240

下面结合实例识别一下轮胎上的信息，见表 6-6。轮胎的信息都标注在轮胎的侧面，只有看懂轮胎上面标注的信息才能选对轮胎。

表 6-6　轮胎标注参数

图示	参数
	205：轮胎的宽度为 205mm 55：轮胎扁平比，即断面高度是宽度的 55% R：该轮胎结构为子午线轮胎 16：轮辋直径是 16 英寸

续表

图示	参数
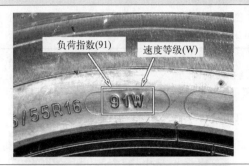	负荷指数：91，最大承重达 615kg，四条轮胎是 615×4＝2460kg W：最高车速 270km/h
	35：一年中的第 35 周 17：年份为 2017 年 轮胎寿命一般为 6 万～8 万千米，大约 3～5 年。当然，轮胎的使用寿命与驾驶习惯、路况、停车环境等因素密切相关，因此同一种汽车轮胎的使用寿命可能会有所不同。不建议单纯从行驶里程和使用时间来判断
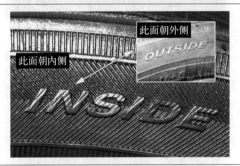	OUTSIDE（外）和 INSIDE（内）标记：在安装轮胎时只需要将标有 OUTSIDE 的一面朝外，INSIDE 的一面朝内即可。如果将轮胎给装反了，车辆在行驶过程中就会出现跑偏的情况，轮胎的抓地力也会有所下降。最主要的是还会导致汽车的制动性能降低，尤其在高速公路上行驶时车速过快，这些问题会更加明显
	高性能轮胎还要注意，轮胎侧面如果出现箭头，则表示的是轮胎旋转方向，注意不要装反
	在轮胎侧面如果出现 M＋S 或雪花的标志，则表示该轮胎是冰雪和泥泞道路专用轮胎。轮胎 M＋S 中的 M 是英文 Mud-Terrain 的缩写，表示泥地的意思；S 是英文 Snow 的缩写，表示雪地的意思。这表示这种轮胎适合在冰雪和泥泞的道路上使用。一般它都有非常粗大的横向或块状花纹，抓地力比较好，但是行驶阻力和噪声较大，一般作为越野轮胎使用

续表

图示	参数
轮胎胎压在车辆用户手册和车门等位置可以看到具体的范围，另外冬、夏季的气压因为热胀冷缩也有所差异，冬季气压应比标准稍高 0.2bar（0.02MPa）左右，夏季比标准略低一点以免爆胎	

表 6-7　轮胎损伤案例

损伤现象	图示
（1）轮胎扎胎 　轮胎扎有异物，如钉子。当发现轮胎扎有钉子时不要拔出，因为橡胶有弹性，会挤住钉子，漏气速度会比较慢，所以扎钉子后气压不会立即减少。这时应尽低速行驶，随时注意胎压，就近维修处理。如果有全尺寸备胎，也可以直接换上备胎	
（2）轮胎侧壁损伤 　轮胎最薄弱的地方是轮胎侧面，如果损伤了会增加爆胎的隐患。损坏并不严重，没有伤到帘线层，也就是轮胎的侧面并没有受到结构性的破坏，此时继续使用是没有问题的	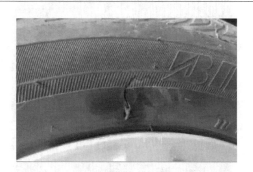
（3）轮胎鼓包 　一般在轮胎胎面与胎侧之间较为常见。主要原因是轮胎使用过程中轮胎气压过大；或超载的情况下轮胎表面接触地面面积加大，导致胎肩磨损加快，胎体温度高，产生的集热不能及时散发，造成轮胎鼓包	

续表

损伤现象	图示
（4）轮胎裂纹 轮胎胎面上有小裂纹是轮胎自然老化现象，属于正常的。这主要是由于轮胎是橡胶制品，随着时间推移，轮胎橡胶会变硬开裂，导致胎面或胎侧上布满小裂纹。这时的轮胎性能及强度会下降。如果胎面的裂纹较为细小，这种裂纹是不要紧的，可以在市区行驶，但是不能高速行驶，否则，很容易引发爆胎。如果轮胎胎面上的裂纹很深的话，就不能再继续使用了，这时候的轮胎已经严重老化，已经失去了橡胶本该有的性能，继续使用存在很大的安全隐患。一般情况下，轮胎的使用期限是 3～5 年，在 3 年左右会出现轻微的裂纹，而超过 5 年的轮胎已经严重老化，为保障行驶安全，应及时更换	
（5）轮胎爆胎 超载压力：当汽车承载超过其设计负荷的重量时，轮胎承受的压力增大，容易导致轮胎变形和爆胎 超速行驶：高速行驶时，轮胎与地面的摩擦和撞击力增大，容易造成轮胎温度升高和内压不稳定 高温炙烤：炎热天气下，路面温度极高，轮胎与地面摩擦产生的热量易使轮胎内压升高，引发爆胎 气压不当：轮胎气压过高或过低都会影响轮胎的稳定性和承载能力，增加爆胎的风险 轮胎内伤或气泡：生产过程中产生的轮胎内伤或帘布层气泡会在行驶过程中逐渐扩大，最终导致轮胎破裂 过度磨损或腐蚀：长时间行驶或受油类腐蚀会导致轮胎表面磨损严重，降低轮胎强度，容易引发爆胎	
（6）轮胎花纹磨损 多数轮胎的磨损指示条都会嵌入轮胎外侧边缘的花纹中，轮胎磨损到一定程度后就很容易看到了。当轮胎磨损到指示条的时候，就会在上路行驶时发出噪声，来提醒驾驶员是时候更换轮胎了。右图中左侧为新胎，右侧为磨损轮胎	

损伤现象	图示
（7）轮胎中央磨损 主要原因是胎压太高，轮胎变形严重，使轮胎仅中间部分与地面接触，导致中部磨损过大。胎压高还会降低轮胎缓冲能力，在车辆行驶时降低舒适度。在窄轮辋上选用宽轮胎，也会造成中央部分早期磨损	
（8）轮胎两侧磨损 主要原因是充气量不足，或长期超负荷行驶。充气量小或超负荷时，轮胎与地面的接触面增大，使轮胎的两边与地面接触参加工作，从而形成早期磨损	
（9）轮胎一侧磨损 主要原因是前轮定位失准。当前轮的外倾角过大时，轮胎的外边形成早期磨损；外倾角过小或没有时，轮胎的内边形成早期磨损	

单元四　车轮的平衡

车轮平衡对于车辆的行驶安全非常重要。当车轮失去平衡时，车辆在行驶过程中会表现出不稳定的现象，如转向盘震颤、车轮磨损加剧等问题，这不仅会影响驾驶舒适性和安全性，还可能导致车辆在行驶中发生意外。

一、车轮静平衡

静平衡即为车轮垂直固定，转动车轮使其自然停转，在停转的车轮离地最近处作一标记，重复转、停数次，如果每次自然停转后所作标记位置是任意的，或强迫停转后消除外力车轮也不再转动，则车轮是静平衡的；反之，不管是自然停转还是强迫停转后消除外力，所作的标记均为同一位置，则车轮是静不平衡的。

二、车轮动平衡

动平衡是利用动平衡机（图6-8）检测。车轮旋转时，旋转轴与重心不一致，这主要是轮胎质量分布不均匀造成的。汽车在高速行驶时，车轮不平衡会形成动力不平衡，造成车轮抖动和转向盘抖动。轮胎是由胎面和轮毂组成的整体。由于制造工艺的原因，整个轮胎各部分的质量分布不可能非常均匀。但是，高速行驶时轻微的质量差异会导致轮胎旋转不平衡。四轮不平衡转动会使车轮摇摆跳动（直观感受：高速行驶时转向盘的晃动），造成轮胎波浪状磨损，降低汽车行驶时的稳定性。

图6-8　动平衡机

当更换轮胎、轮毂或是补过轮胎，轮胎受过大的撞击产生变形或由于颠簸导致平衡块丢失等后都应该对车轮做动平衡检测（表6-8）。如果车轮动平衡不好会造成轮胎磨损异常，也会影响车辆的稳定。

表 6-8　车轮动平衡检测

步骤	图示
（1）检查轮胎胎压，按照规定值充气	
（2）把车轮装在动平衡机上，用卡扣固定好	
（3）如果车轮上有旧的平衡块，则应先把旧的平衡块拆掉	
（4）测量机器到车轮钢圈的距离，在机器上输入相应数值	

步骤	图示
（5）用卡尺测量钢圈的宽度，得出数值后，在机器上输入数据	
（6）读取车轮钢圈半径，如轮胎半径为"16"，在机器上输入"16"即可	
（7）以上步骤操作完成后，就可以按机器上"Start"按钮，此时车轮转动，当车轮停下后，机器上会显示车轮偏差数值	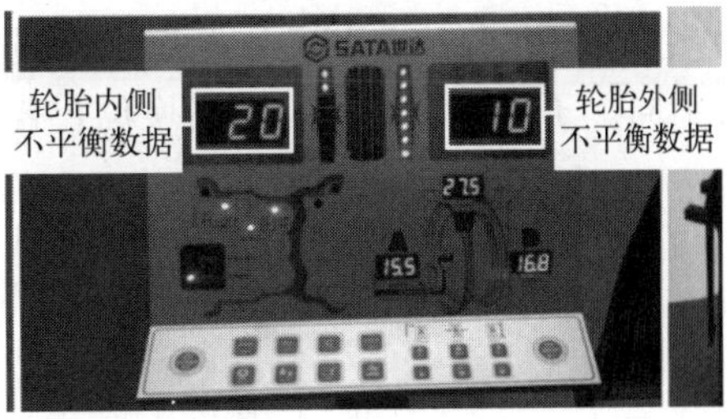
（8）用手转动轮胎，当机器内侧显示满格时，就可在内侧加相应的平衡块；继续用手转动轮胎，待外侧满格时，把外侧的平衡块加上	

续表

步骤	图示
（9）再次按机器上"Start"按钮，轮胎转动，当停止转动后，机器上显示两个"00"数值，说明动平衡已调好	

三、轮胎维护

① 轮胎检查（图6-9）：检查轮胎是否被割破、擦伤，是否有硬伤、隆起或物体嵌入胎面中。

图 6-9 轮胎的磨损检查

② 轮胎换位（图6-10）：使轮胎的磨损均衡。子午线轮胎换位的方式与普通斜交轮胎换位方式不同。子午线轮胎采用同侧换位，普通斜交轮胎采用交叉换位。

使用同一规格的对称花纹或不对称花纹轮胎的车辆，按以下图示调换轮胎

使用同一规格的方向性花纹的轮胎的车辆，按以下图示调换轮胎（前驱车适用，后驱车不建议这样做）

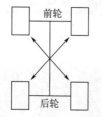
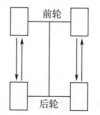

建议更换里程：8000~10000km

图 6-10 轮胎换位

③ 轮胎更换后，必须进行动平衡检查。

模块综合实训

根据此模块的学习内容，完成学生工作手册中的相应内容。

参考文献

［1］梁灿基，文培辅，余孔平．新能源汽车底盘［M］．镇江：江苏大学出版社，2018.

［2］袁牧，杨效军，王斌．新能源汽车底盘技术［M］．北京：机械工业出版社，2022.

［3］王军，崔爽．新能源汽车底盘技术［M］．北京：北京理工大学出版社，2023.

［4］齐方伟，初壮，常鹤．新能源汽车底盘技术［M］．西安：西北工业大学出版社，2000.

［5］高云，吉武俊．新能源汽车底盘系统检修［M］．北京：机械工业出版社，2024.

职业教育汽车类专业新形态教材

新能源汽车底盘技术

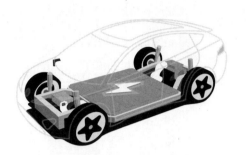

学生工作手册

班　　级：_____

姓　　名：_____

学　　号：_____

指导老师：_____

化学工业出版社

·北京·

目　录

模块一综合实训

一、知识强化

1. 安全防护

在对电动汽车进行维修作业时，应先做好哪些防护措施？

工位：_____。

工位周围：_____。

2. 个人防护

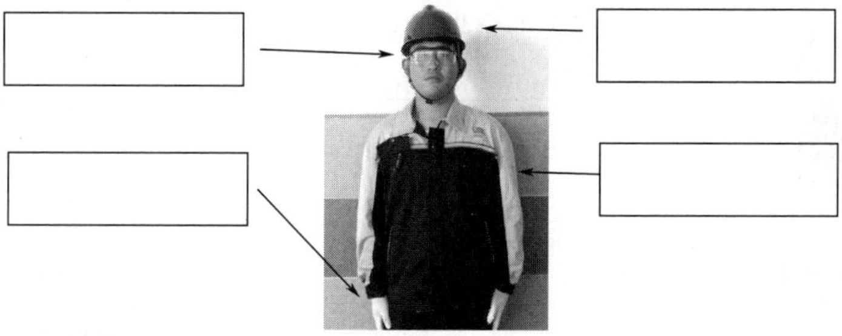

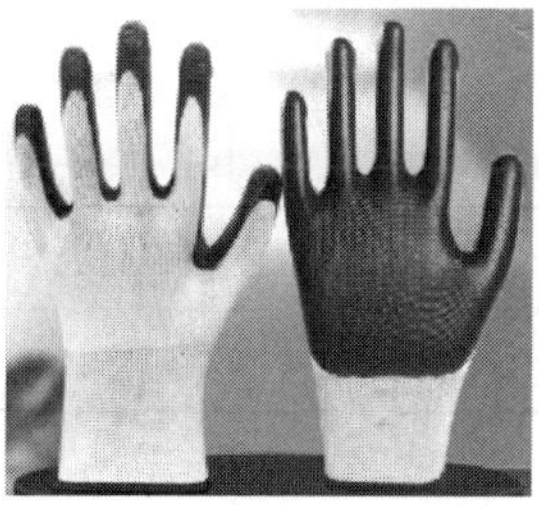

名称：_____。

作用：_____

_____。

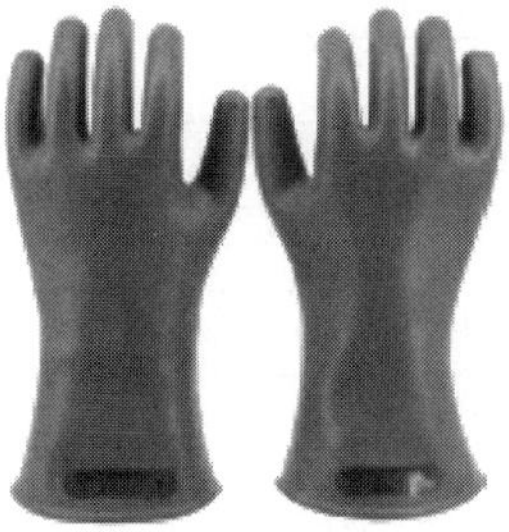

名称：_____。

作用：_____

_____。

检查方法：_____

_____ 。

名称：_____ 。
作用：_____

_____ 。

电动车自燃应使用的灭火器种类：_____ 。
灭火器定期检查：_____

_____ 。

二、制订计划

1. 小组分工

操作员		记录员	
安全员		评价员	

2. 实训方案

① _____ 。

② _____ 。

③ _____ 。

④ _____ 。

⑤ _____ 。

⑥ _____ 。

⑦ _____ 。

⑧ _____ 。

三、任务实施

1. 作业前准备

作业图	作业内容	完成情况
	作业前现场环境检查	□规范着装 □拉设安全围挡 □放置安全警示牌 □检查灭火器 □检查测量终端状态 □铺设防护四件套
 安全帽 　护目镜  绝缘鞋 　绝缘手套 	防护用具检查	□检查绝缘手套 □检查护目镜 □检查安全帽 □检查绝缘鞋

2. 车辆基本信息

项目	内容		完成情况
品牌			□是　□否
VIN			□是　□否
生产日期			□是　□否
动力电池	型号：	额定容量：	□是　□否
驱动电机	型号：	额定功率：	□是　□否
行驶里程	km		□是　□否

3. 计划实施

图片	作业内容	
	元件名称	
	额定电压	
	额定容量	
	重量	
	装置型号	
	类型	
	产品序号	
	生产日期	
	元件名称	
	型号	
	标称输出容量	
	额定电压	
	冷却方式	
	最大输出电流	
	重量	
	厂家	
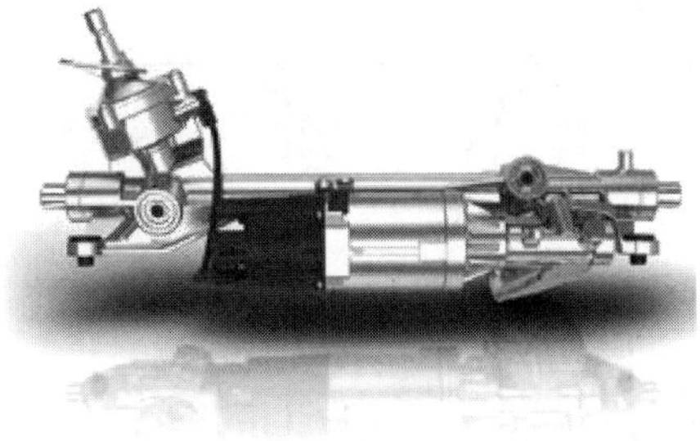	名称	
	作用	
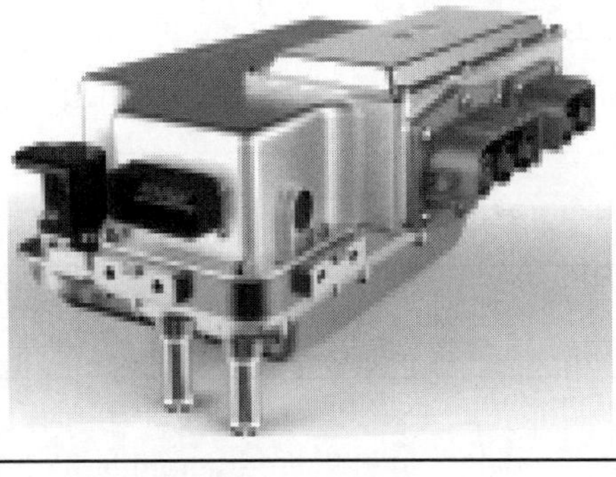	名称	
	作用	

续表

图片	作业内容
	名称
	作用

4. 恢复场地

作业图例	作业内容	完成情况	
	关闭车辆启动开关	□是	□否
	收起并整理防护四件套	□是	□否
	关闭测量平台一体机	□是	□否
	关闭测量平台电源开关	□是	□否
	清洁并整理测量平台	□是	□否
	清洁防护用具并归位	□是	□否
	清洁整理仪器设备与工具	□是	□否
	清洁实训场地	□是	□否
	收起安全警示牌	□是	□否
	收起安全围挡	□是	□否

四、总结评价

① 请写出学习过程中的收获和遇到的问题。

_____

_____

_____

_____

_____

_____ 。

② 根据实训要求进行自我评价。

_____

_____

_____

_____

_____

_____

_____ 。

模块二综合实训

一、知识强化

① 纯电动汽车必须配有变速箱。 （　　）

② 固定传动比的变速器已经被淘汰。 （　　）

③ 纯电动汽车需要配有离合器。 （　　）

④ 纯电动汽车动力传动系统主要由_____系统和_____系统组成。

⑤ 电动汽车传动系统由_____、_____、_____、_____组成。

⑥ 驱动系统构型一般分为_____和_____。

⑦ 纯电动汽车减速器选用传动比为_____的齿轮机构。

⑧ 电动桥传动系统有两种结构_____和_____。

⑨ 电动汽车轮毂式传动特点为_____

_____

_____。

⑩ 填空。

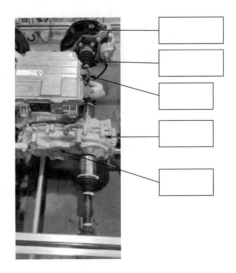

⑪ 减速器传动机构主要由_____、_____及_____等零部件组成。

⑫ 减速器是利用不同_____的_____啮合传动实现转速、转矩的改变。

⑬ 减速器的主要功能：_____。

⑭ 填空。

⑮ 减速器外观检测：a. _____；
b. _____；
c. _____；
d. _____；
e. _____。

⑯ 半轴防尘套检查：_____。

⑰ 减速器齿轮油更换：_____。

⑱ 差速器由_____、_____、_____和_____组成。

⑲ 差速器的作用：_____
_____。

⑳ 半轴是_____与_____之间传递动力的_____轴。

㉑ 转向驱动桥的半轴分为内外两段，其中内半轴与_____相连接。

㉒ 半轴内端一般采用_____的方式与差速器的半轴齿轮连接。

㉓ 半轴外端则通过_____或_____等方式与驱动轮的轮毂相连。

㉔ 汽车常用的半轴，根据其支承形式不同分为_____、_____和_____。

㉕ 半浮式半轴承受车轮传来的_____、_____和_____引起的弯矩。

㉖ 万向节传动装置是_____和_____组合。

㉗ 球笼式万向节由_____、_____、_____、_____组成。

㉘ 简述外球笼式万向节是如何传递转矩的：_____。

㉙ 内球笼式万向节的设计允许它在一定范围内_____和_____滑移，以适应传动轴在车辆运动时产生的长度变化。

二、画出混合动力系统动力传递路线

① 混合动力汽车动力系统串联形式。

② 混合动力汽车动力系统并联形式。

③ 混合动力汽车动力系统混联形式。

三、制订计划

1. 小组分工

操作员		记录员	
安全员		评价员	

2. 实训方案

① _____ 。

② _____ 。

③ _____ 。

④ _____ 。

⑤ _____ 。

⑥ _____ 。

⑦ _____ 。

⑧ _____ 。

⑨ _____ 。

⑩ _____ 。

四、计划实施

1. 减速器的拆解

步骤	图示	操作内容
1		
2		
3	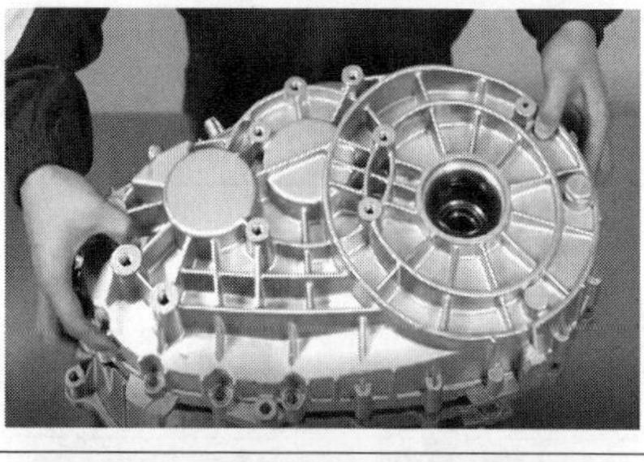	
4		

续表

步骤	图示	操作内容
5		
6	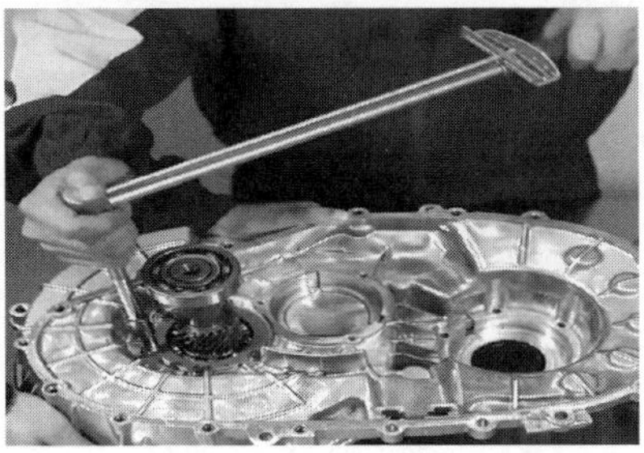	

2. 换挡机构拆解

步骤	图示	操作内容
1	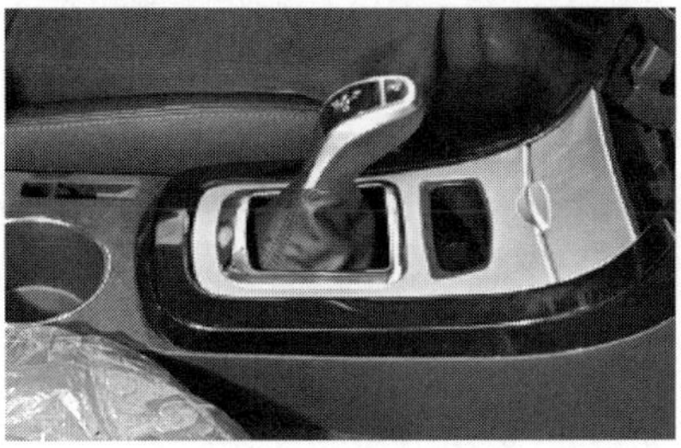	
2		

续表

步骤	图示	操作内容
3	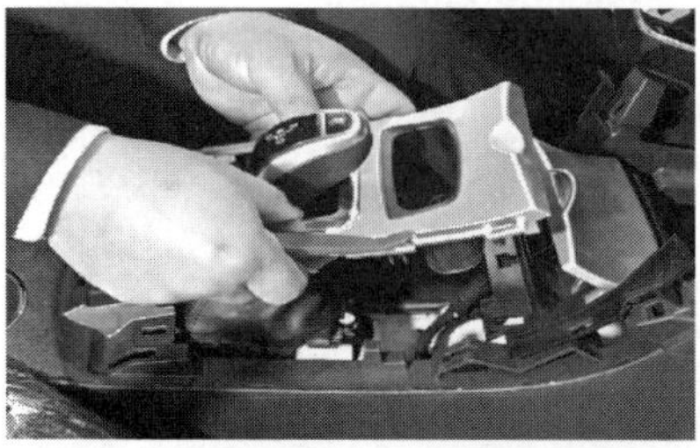	
4	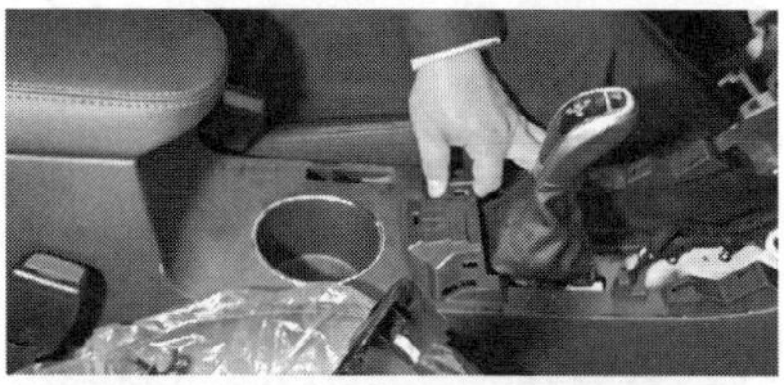	
5		
6		
7		

① 电子换挡系统的优点：

_____

_____

_____

② 电子换挡系统的缺点：

_____

_____

_____

3. 半轴拆装

步骤	操作内容
1	
2	
3	
4	
5	
6	
7	

4. 球笼式万向节拆装

步骤	操作内容
1	
2	
3	
4	
5	
6	
7	
8	

五、恢复场地

作业图例	作业内容	完成情况
	关闭车辆启动开关	□是　　□否
	收起并整理防护四件套	□是　　□否
	关闭测量平台一体机	□是　　□否
	关闭测量平台电源开关	□是　　□否
	清洁并整理测量平台	□是　　□否
	清洁防护用具并归位	□是　　□否
	清洁整理仪器设备与工具	□是　　□否
	清洁实训场地	□是　　□否
	收起安全警示牌	□是　　□否
	收起安全围挡	□是　　□否

六、总结评价

① 请写出学习过程中的收获和遇到的问题。

_____

_____

_____

_____

_____

_____ 。

② 根据实训要求进行自我评价。

_____

_____

_____

_____

_____

_____ 。

七、考核鉴定表 【评分细则参照"1+X"标准】

工作任务：行驶系统的检查			实习日期：	
姓名：	班级：		学号：	导师签字：
自评：□熟练 　　□不熟练	互评：□熟练 　　□不熟练		师评：□合格 　　□不合格	
日期：	日期：		日期：	

任务：减速器检查与保养【评分细则】

序号	评分项	得分条件	分值	评分要求	自评	互评	师评
1	安全/7S/态度	□1. 能进行工位 7S 操作 □2. 能确认设备工具是否正常 □3. 能进行高压电安全防护操作 □4. 能进行工具清洁、校准、存放操作 □5. 能进行三不落地操作	15	未完成 1 项扣 3 分，扣分不得超过 15 分	□熟练 □不熟练	□熟练 □不熟练	□合格 □不合格
2	专业技能能力	作业 1： □1. 能正确拆装动力分配装置放油螺栓 □2. 能正确排放和加注齿轮油 □3. 能正确拆装下控制臂球头螺栓 □4. 能正确拆装半轴与轮毂螺栓 □5. 能正确拆装半轴总成 □6. 能正确更换动力分配装置/减速齿轮机构 作业 2： □1. 能正确协助更换油液 □2. 能正确协助拆装半轴总成 □3. 能正确协助拆装半轴油封 作业 3： □1. 能正确查询动力分配装置型号 □2. 能正确查询动力分配装置油容量 □3. 能正确查询半轴油封更换步骤 □4. 能正确查询油液更换周期	50	未完成 1 项扣 5 分，扣分不得超过 50 分	□熟练 □不熟练	□熟练 □不熟练	□合格 □不合格

续表

序号	评分项	得分条件	分值	评分要求	自评	互评	师评
3	工具及设备的使用能力	□1. 能正确使用维修工具 □2. 能正确使用油液加注工具 □3. 能正确使用举升机 □4. 能正确使用油封拆装工具	10	未完成1项扣5分，扣分不得超过10分	□熟练 □不熟练	□熟练 □不熟练	□合格 □不合格
4	资料、信息查询能力	□1. 能正确使用维修手册查询资料 □2. 能正确使用用户手册查询资料 □3. 能在规定时间内查询所需资料 □4. 能正确记录所查询资料的章节页码 □5. 能正确记录所需维修信息	10	未完成1项扣5分，扣分不得超过10分	□熟练 □不熟练	□熟练 □不熟练	□合格 □不合格
5	数据判断和分析能力	□1. 能判断液位是否正常 □2. 能判断油质是否正常 □3. 能预估下次保养时间	10	未完成1项扣5分，扣分不得超过10分	□熟练 □不熟练	□熟练 □不熟练	□合格 □不合格
6	表单填写与报告的撰写能力	□1. 字迹清晰 □2. 语句通顺 □3. 无错别字 □4. 无涂改	5	未完成1项扣1分，扣分不得超过5分	□熟练 □不熟练	□熟练 □不熟练	□合格 □不合格
总分			100				

八、考核报告表

汽车职业技能等级实操考核项目。

序号	评分项	得分条件	分值	评分要求	自评	互评	师评
1	安全/7S/态度	作业安全、作业区的7S、个人工作态度	15	未完成1项扣1～3分，扣分不得超过15分	□熟练 □不熟练	□熟练 □不熟练	□合格 □不合格
2	专业技能能力	流程、规范、术语、检查保养、拆装、调整、测试、诊断、分析、故障排除等技能	50	未完成1项扣1～5分，扣分不得超过50分	□熟练 □不熟练	□熟练 □不熟练	□合格 □不合格
3	工具及设备的使用能力	岗位所需工具及设备的使用、解码仪的使用能力	10	未完成1项扣1～5分，扣分不得超过10分	□熟练 □不熟练	□熟练 □不熟练	□合格 □不合格
4	资料、信息查询能力	维修资料、信息的检索与查询能力	10	未完成1项扣1～5分，扣分不得超过10分	□熟练 □不熟练	□熟练 □不熟练	□合格 □不合格
5	数据判读和分析能力	数据的读取、分析、判断能力	10	未完成1项扣1～5分，扣分不得超过10分	□熟练 □不熟练	□熟练 □不熟练	□合格 □不合格
6	表单填写与报告的撰写能力	电子工单、纸质工单、任务记录单的填写	5	未完成1项扣0.5～1分，扣分不得超过5分	□熟练 □不熟练	□熟练 □不熟练	□合格 □不合格
总分			100				

模块三综合实训

一、知识强化

① 转向盘自由行程一般不应超过_____，当超过_____时，必须进行调整。

② 按照传动效率的不同，转向器还可以分为_____、_____和_____转向器。

③ 转向器中传动副的结构形式分为_____、_____、_____和_____。

④ 齿轮齿条式转向器特点：_____
_____
_____
_____
_____
_____。

⑤ 循环球式转向器特点：_____
_____
_____
_____。

⑥ 电动助力转向系统由_____、_____、_____、_____、_____、_____和_____组成。

⑦ 电动助力转向系统，根据电机位置的不同，可分为_____、_____和_____ 3 种类型。

⑧ 电动助力转向系统都具有 3 个基本部件：_____、_____和安装在转向柱上的_____。

⑨ EPS 中最重要的传感器：_____。

⑩ 四轮转向主要目的是提高汽车在高速行驶_____，改善在低速下的_____，_____。

二、计划实施

图片	作业内容
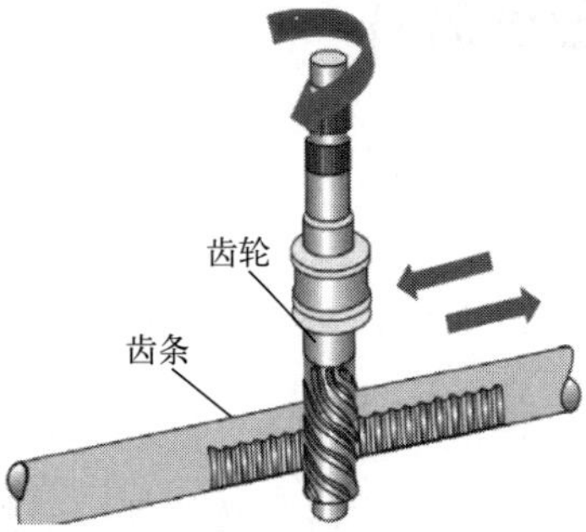 齿轮 齿条	名称： 原理：
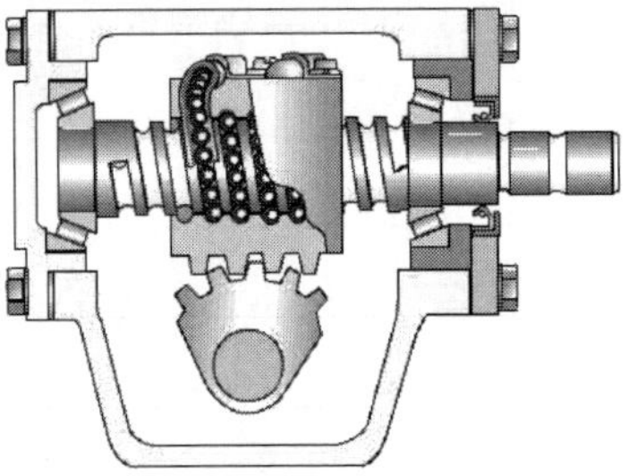	名称： 原理：
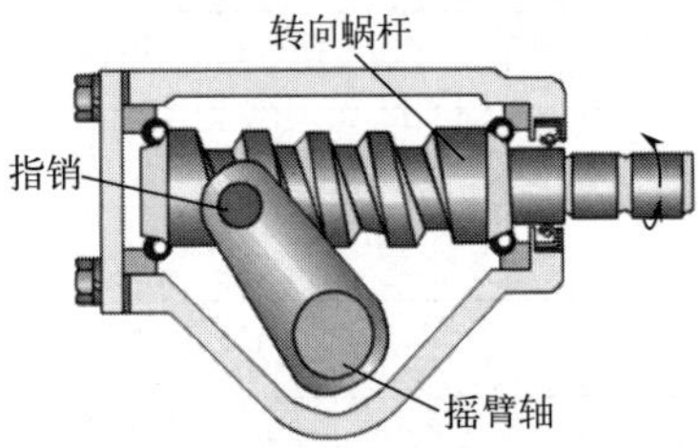 转向蜗杆 指销 摇臂轴	名称： 原理：
	名称： 原理：

续表

图片	作业内容
	名称： 原理：
	名称： 原理：

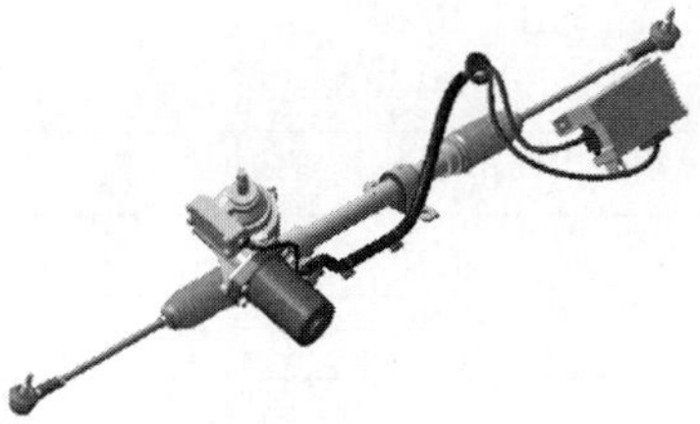

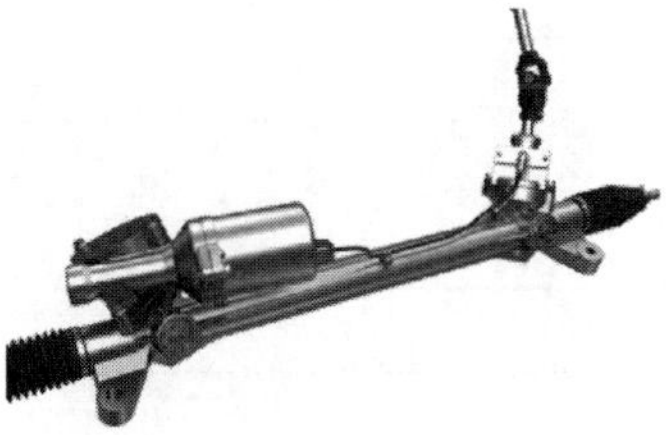

三、恢复场地

作业图例	作业内容	完成情况
	关闭车辆启动开关	□是　　□否
	收起并整理防护四件套	□是　　□否
	关闭测量平台一体机	□是　　□否
	关闭测量平台电源开关	□是　　□否
	清洁并整理测量平台	□是　　□否
	清洁防护用具并归位	□是　　□否
	清洁整理仪器设备与工具	□是　　□否
	清洁实训场地	□是　　□否
	收起安全警示牌	□是　　□否
	收起安全围挡	□是　　□否

四、总结评价

① 请写出学习过程中的收获和遇到的问题。

_____

_____

_____

_____

_____

_____

_____ 。

② 根据实训要求进行自我评价。

_____

_____

_____

_____

_____

_____

_____

_____ 。

五、考核鉴定表 【评分细则参照"1+X"标准】

任务：新能源汽车转向系统检查			实习日期：				
姓名：		班级：	学号：			导师签字：	
自评：□熟练　□不熟练		互评：□熟练　□不熟练	师评：□合格　□不合格				
日期：		日期：	日期：				
序号	评分项	得分条件	配分	评分要求	自评	互评	师评
1	安全/7S/态度	□1. 能进行工位 7S 操作 □2. 能进行设备和工具的安全检查 □3. 能进行车辆安全防护操作 □4. 能进行工具清洁、校准、存放操作 □5. 能进行三不落地操作	15	未完成 1 项扣 3 分，扣分不得超 15 分	□熟练 □不熟练	□熟练 □不熟练	□合格 □不合格

序号	评分项	得分条件	配分	评分要求	自评	互评	师评
2	专业技能能力	作业：转向系统的检查保养 □1. 能正确完成故障指示灯的检查 □2. 能正确完成转向盘锁止的检查 □3. 能正确完成转向盘摆动的检查 □4. 能正确完成转向盘自由行程的检查 □5. 能正确完成横拉杆及球头的检查 □6. 能正确完成转向器壳体的检查 □7. 能正确完成助力电机功能的检查	35	未完成1项扣5分，扣分不得超35分	□熟练 □不熟练	□熟练 □不熟练	□合格 □不合格
3	工具及设备的使用能力	□1. 能正确选用维修工具 □2. 能正确使用维修工具 □3. 能正确使用举升机 □4. 能正确使用诊断仪	20	未完成1项扣5分，扣分不得超20分	□熟练 □不熟练	□熟练 □不熟练	□合格 □不合格
4	资料、信息查询能力	□1. 能正确使用维修手册查询资料 □2. 能正确使用用户手册查询资料 □3. 能在规定时间内查询所需资料	15	未完成1项扣5分，扣分不得超15分	□熟练 □不熟练	□熟练 □不熟练	□合格 □不合格
5	数据判读和分析能力	□1. 能判断转向盘自由行程是否正常 □2. 能判断转向器壳体是否正常	10	未完成1项扣5分，扣分不得超10分	□熟练 □不熟练	□熟练 □不熟练	□合格 □不合格
6	表单填写与报告的撰写能力	□1. 能正确记录所需维修信息 □2. 字迹清晰 □3. 语句通顺 □4. 无错别字 □5. 无涂改	5	未完成1项扣1分，扣分不得超5分	□熟练 □不熟练	□熟练 □不熟练	□合格 □不合格
总分			100				

六、考核报告表

汽车职业技能等级实操考核项目。

任务：新能源汽车转向系统检查			实习日期：	
姓名：	班级：		学号：	导师签字：

一、车辆信息记录

品牌		整车型号		生产年月	
车辆识别码 VIN		车辆里程		电量显示	

二、转向系统的检查保养流程

操作步骤	操作情况	异常情况
电动转向故障指示灯的检查	正常完成□　异常□	
转向盘锁止功能的检查	正常完成□　异常□	
转向盘摆动的检查	正常完成□　异常□	
转向盘自由行程的检查	正常完成□　异常□	
横拉杆及球头的检查	正常完成□　异常□	
转向器壳体的检查	正常完成□　异常□	
助力电机功能的检查	正常完成□　异常□	

三、功能验证

整车是否可以正常转向	正常□　不正常□

模块四综合实训

一、知识强化

① 电动真空助力系统由 ＿＿＿＿＿＿、 ＿＿＿＿＿＿、 ＿＿＿＿＿＿、 ＿＿＿＿＿＿、 ＿＿＿＿＿ ＿＿＿＿组成。

② 真空助力器的作用：＿＿＿＿＿＿＿＿＿＿＿＿＿＿＿＿＿＿＿＿＿＿＿＿＿＿＿＿＿＿＿＿。

③ 真空传感器安装的位置＿＿＿＿＿＿＿＿＿＿＿＿、 ＿＿＿＿＿＿＿＿＿＿。

④ 真空泵的主要功用：＿＿＿＿＿＿＿＿＿＿＿＿＿＿＿＿＿＿＿＿＿＿＿＿＿＿＿＿＿＿。

⑤ 真空罐的作用：＿＿＿＿＿＿＿＿＿＿＿＿＿＿＿＿＿＿＿＿＿＿＿＿＿＿＿＿＿＿＿＿。

⑥ 电子助力制动系统由 ＿＿＿＿＿＿、 ＿＿＿＿＿＿、 ＿＿＿＿＿＿、 ＿＿＿＿＿＿四部分组成，减少了产生＿＿＿＿＿＿的部分。

⑦ 车轮制动器可分为＿＿＿＿＿＿和＿＿＿＿＿＿两大类。

⑧ 鼓式车轮制动器又可分为＿＿＿＿＿＿、 ＿＿＿＿＿＿和＿＿＿＿＿＿。

⑨ 钳盘式车轮制动器优点：＿＿＿＿＿＿＿＿＿＿＿＿＿＿＿＿＿＿＿＿＿＿＿＿＿＿＿＿＿。

⑩ 钳盘式车轮制动器分为两种：＿＿＿＿＿＿盘式和＿＿＿＿＿＿盘式。

⑪ 按照制动压力方式的不同，盘式制动器可分为＿＿＿＿＿＿式和＿＿＿＿＿＿式。

⑫ 填空。

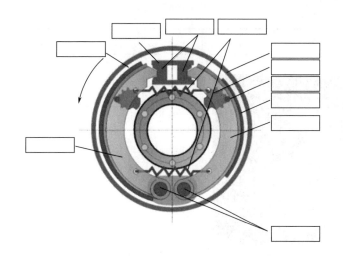

⑬ 电子驻车 EPB 是指＿＿＿＿＿＿＿＿＿＿＿＿＿＿＿＿＿＿＿＿＿＿＿＿＿＿＿。

⑭ 当车辆起步时，ECU 通过高速 CAN 总线与计算机通信来获知＿＿＿＿＿＿、＿＿＿＿＿＿、＿＿＿＿＿＿信号。

⑮ 电子驻车制动系统的优点：＿＿＿＿＿＿＿＿＿＿＿＿＿＿＿＿＿＿＿＿＿＿＿。

⑯ 电子驻车制动技术主要有两种形式，一种是＿＿＿＿＿＿制动系统，另一种是＿＿＿＿＿＿＿制动系统。

二、计划实施

1. 制动器状态

制动状态	制动系统工作状态
当未踩下制动踏板时	
当踩下制动踏板时	
当维持制动踏板时	

2. 制动盘检测

图示	检测结果

续表

图示	检测结果
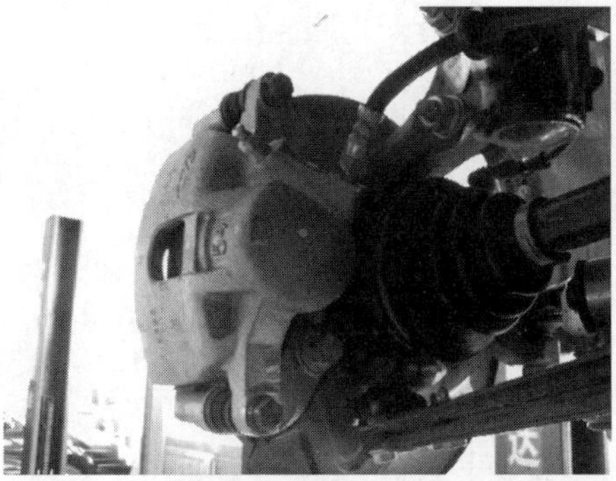	

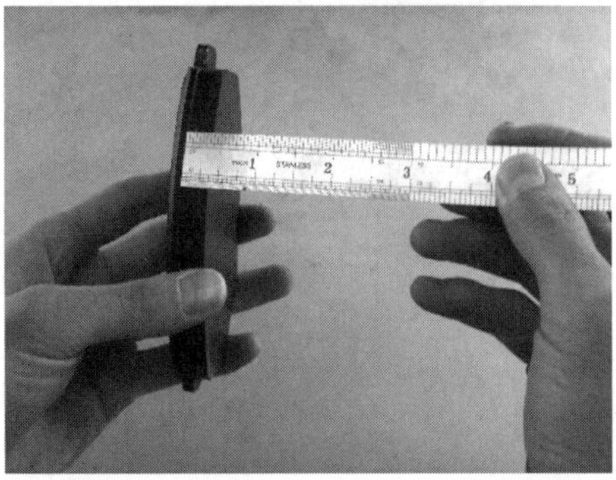	

图示	检测结果

3. 电子驻车检查结果

检测元件	检测结果
传感器故障	
电气故障	
制动系统问题	

三、恢复场地

作业图例	作业内容	完成情况	
	关闭车辆启动开关	□是	□否
	收起并整理防护四件套	□是	□否
	关闭测量平台一体机	□是	□否
	关闭测量平台电源开关	□是	□否
	清洁并整理测量平台	□是	□否
	清洁防护用具并归位	□是	□否
	清洁整理仪器设备与工具	□是	□否
	清洁实训场地	□是	□否
	收起安全警示牌	□是	□否
	收起安全围挡	□是	□否

四、总结评价

① 请写出学习过程中的收获和遇到的问题。

_____

_____

_____

_____

_____

_____

_____ 。

② 根据实训要求进行自我评价。

_____

_____

_____

_____

_____

_____

_____

_____

_____ 。

五、考核鉴定表 【评分细则参照"1＋X"标准】

任务：新能源汽车制动系统检查				实习日期：			
姓名：		班级：		学号：		导师签字：	
自评：□熟练 □不熟练		互评：□熟练 □不熟练		师评：□合格 □不合格			
日期：		日期：		日期：			

序号	评分项	得分条件	配分	评分要求	自评	互评	师评
1	安全/7S /态度	□1. 能进行工位 7S 操作 □2. 能进行设备和工具的安全检查 □3. 能进行车辆安全防护操作 □4. 能进行工具清洁、校准、存放操作 □5. 能进行三不落地操作	15	未完成1项扣3分，扣分不得超15分	□熟练 □不熟练	□熟练 □不熟练	□合格 □不合格

续表

序号	评分项	得分条件	配分	评分要求	自评	互评	师评
2	专业技能能力	作业：制动系统的检查保养 □1. 能正确完成制动液更换与排气 □2. 能正确完成驻车制动功能的检查 □3. 能正确完成踏板的检查 □4. 能正确完成仪表指示灯功能的检查 □5. 能正确完成制动管路的检查 □6. 能正确完成制动盘、制动衬块的检查 □7. 能正确完成故障码的检查	35	未完成1项扣5分扣分不得超50分	□熟练 □不熟练	□熟练 □不熟练	□合格 □不合格
3	工具及设备的使用能力	□1. 能正确选用维修工具 □2. 能正确使用维修工具 □3. 能正确使用举升机 □4. 能正确使用诊断仪	20	未完成1项扣5分，扣分不得超20分	□熟练 □不熟练	□熟练 □不熟练	□合格 □不合格
4	资料、信息查询能力	□1. 能正确使用维修手册 □2. 能正确使用用户手册 □3. 能在规定时间内查询到所需资料	15	未完成1项扣3分，扣分不得超25分	□熟练 □不熟练	□熟练 □不熟练	□合格 □不合格
5	数据判读和分析能力	□1. 能判断制动踏板工作是否正常 □2. 能判断制动盘、制动衬块是否正常	10	未完成1项扣5分，扣分不得超10分	□熟练 □不熟练	□熟练 □不熟练	□合格 □不合格
6	表单填写与报告的撰写能力	□1. 能正确记录所需维修信息 □2. 字迹清晰 □3. 语句通顺 □4. 无错别字 □5. 无涂改	5	未完成1项扣1分，扣分不得超5分	□熟练 □不熟练	□熟练 □不熟练	□合格 □不合格
	总分		100				

六、考核报告表

汽车职业技能等级实操考核项目。

任务：新能源汽车制动系统检查		实习日期	
姓名：	班级：	学号：	导师签字：

一、车辆信息记录

品牌		整车型号		生产年月	
车辆识别码 VIN		行驶里程		电量显示	

二、制动系统的检查保养流程

操作步骤	操作情况	异常情况
制动液的更换与排气	正常完成□　异常□	
驻车制动功能的检查	正常完成□　异常□	
制动踏板的检查	正常完成□　异常□	
仪表指示灯的检查	正常完成□　异常□	
制动管路的检查	正常完成□　异常□	
制动盘的检查	正常完成□　异常□	
制动衬块的检查	正常完成□　异常□	
故障码的检查	正常完成□　异常□	

三、功能验证

整车制动性能是否正常	正常□　不正常□

模块五综合实训

一、知识强化

① 悬架系统是汽车的_____与_____或_____之间的传力连接装置的总称。

② 悬架系统功能是_____。

③ 汽车的悬架系统分为_____和_____两种。

④ 独立悬架系统又可分为_____、_____、_____、_____以及_____悬架系统。

⑤ 弹性元件使_____与_____之间弹性连接。

⑥ 减振器可以减少_____，使振动的振幅迅速减小。

⑦ 横向稳定器可以防止_____等情况下发生过大的横向倾斜。

⑧ 液压阻尼器工作原理：_____
_____
_____。

⑨ 电控空气悬架的主要特点：_____。

⑩ 液压减振器组成：_____。

二、制订计划

1. 小组分工

操作员		记录员	
安全员		评价员	

2. 弹性元件及减振器的检查方案

①_____。

②_____。

③_____。

④ _____。

⑤ _____。

3. 说明液压式阻尼器原理

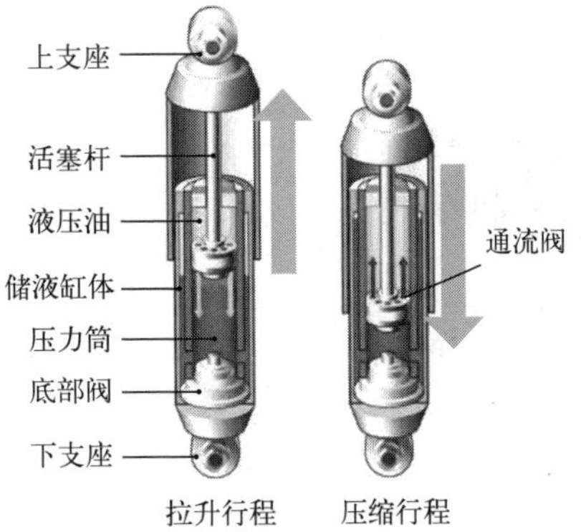

上支座
活塞杆
液压油
储液缸体
压力筒
底部阀
下支座
通流阀

拉升行程　　压缩行程

_____

_____

_____

_____

_____

_____

_____

_____

4. 说明悬架特点

图示	特点
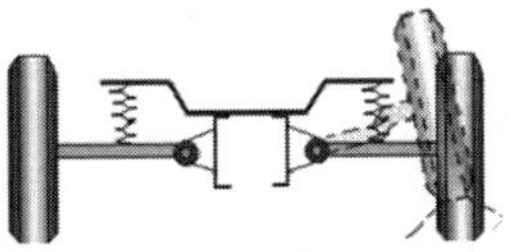 独立悬架	
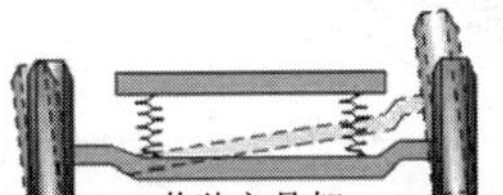 非独立悬架	

续表

图示	特点
 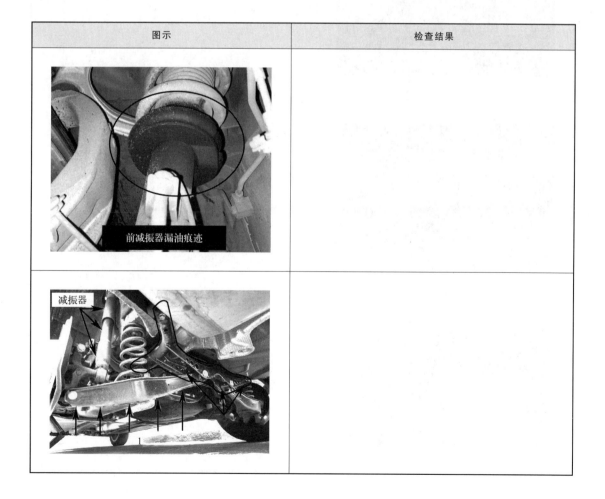	

三、计划实施

图示	检查结果
前减振器漏油痕迹	
减振器	

续表

图示	检查结果

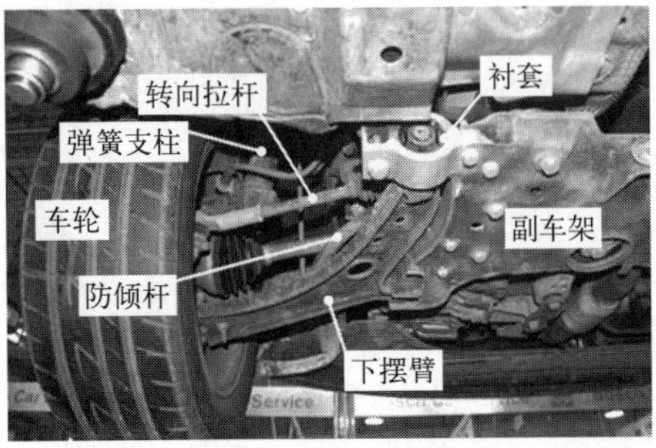	

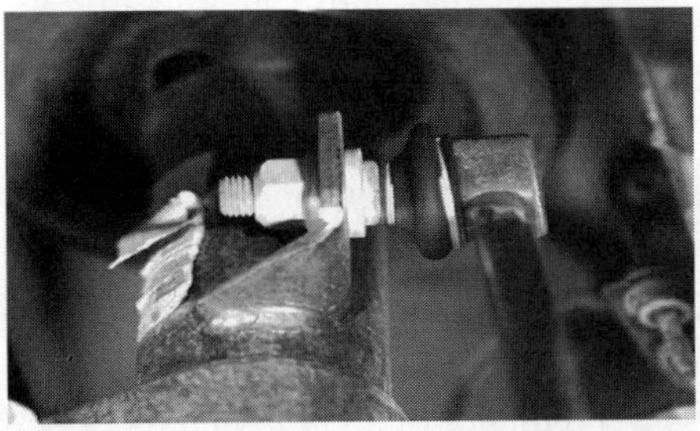	

四、恢复场地

作业图例	作业内容	完成情况
	关闭车辆启动开关	□是　□否
	收起并整理防护四件套	□是　□否
	关闭测量平台一体机	□是　□否
	关闭测量平台电源开关	□是　□否
	清洁并整理测量平台	□是　□否
	清洁防护用具并归位	□是　□否
	清洁整理仪器设备与工具	□是　□否
	清洁实训场地	□是　□否

五、总结评价

① 请写出学习过程中的收获和遇到的问题。

_____

_____

_____

_____

_____

_____ 。

② 根据实训要求进行自我评价。

_____

_____

_____

_____

_____

_____ 。

六、考核鉴定表 【评分细则参照"1＋X"标准】

任务：新能源汽车悬架系统检查与保养				实习日期：			
姓名：		班级：		学号：		导师签字：	
自评：□熟练 　　　□不熟练		互评：□熟练 　　　□不熟练		师评：□合格 　　　□不合格			
日期：		日期：		日期：			

序号	评分项	得分条件	配分	评分要求	自评	互评	师评
1	安全/7S/态度	□1. 能进行工位 7S 操作 □2. 能进行设备和工具安全检查 □3. 能进行车辆安全防护操作 □4. 能进行工具清洁、校准、存放操作 □5. 能进行三不落地操作	15	未完成1项扣3分，扣分不得超15分	□熟练 □不熟练	□熟练 □不熟练	□合格 □不合格
2	专业技能能力	□1. 能正确完成减振器目测检查（前后） □2. 能正确完成减振器的按压检查（前后） □3. 能正确完成弹簧外观的检查（前后） □4. 能正确完成球节间隙的检查 □5. 能正确完成球节防尘罩检查 □6. 能正确完成横向稳定杆的检查 □7. 能正确完成螺栓的紧固状况检查	35	未完成1项扣5分，扣分不得超35分	□熟练 □不熟练	□熟练 □不熟练	□合格 □不合格
3	工具及设备的使用能力	□1. 能正确选用维修工具 □2. 能正确使用维修工具	10	未完成1项扣5分，扣分不得超10分	□熟练 □不熟练	□熟练 □不熟练	□合格 □不合格
4	资料、信息查询能力	□1. 能正确使用维修手册查询资料 □2. 能正确使用用户手册查询资料 □3. 能在规定时间内查询到所需资料	15	未完成1项扣5分，扣分不得超15分	□熟练 □不熟练	□熟练 □不熟练	□合格 □不合格

续表

序号	评分项	得分条件	配分	评分要求	自评	互评	师评
5	数据判读和分析能力	□1. 能判断减振器类型 □2. 能判断悬架系统工作状态是否正常	20	未完成1项扣10分，扣分不得超20分	□熟练 □不熟练	□熟练 □不熟练	□合格 □不合格
6	表单填写与报告的撰写能力	□1. 能正确记录所需维修信息 □2. 字迹清晰 □3. 语句通顺 □4. 无错别字 □5. 无涂改	5	未完成1项扣1分，扣分不得超5分	□熟练 □不熟练	□熟练 □不熟练	□合格 □不合格
总分			100				

七、考核报告表

汽车职业技能等级实操考核项目。

任务：新能源汽车悬架的检查		实习日期：		
姓名：	班级：	学号：	导师签字：	
一、车辆信息记录				
品牌		整车型号		生产年月	
车辆识别码 VIN		车辆里程		电量显示	

二、悬架的检查保养流程

操作步骤	操作情况	异常情况
前减振器目测检查	正常完成□ 异常□	
前减振器的按压检查	正常完成□ 异常□	
前悬架弹簧检查	正常完成□ 异常□	
后减振器目测检查	正常完成□ 异常□	
后减振器的按压检查	正常完成□ 异常□	
后悬架弹簧检查	正常完成□ 异常□	
球节间隙的检查	正常完成□ 异常□	
球节防尘罩检查	正常完成□ 异常□	
横向稳定杆的检查	正常完成□ 异常□	
前后悬架固定螺栓的紧固状况检查	正常完成□ 异常□	

三、功能验证

整车是否可以正常转向	正常□ 不正常□

模块六综合实训

一、知识强化

① 车轮由_____、_____、_____以及它们之间的连接部分组成。

② 车轮类型按照连接部分的构造可分为_____和_____两种。

③ 辐板式车轮特点：_____。

④ 辐条式车轮特点：_____。

⑤ 轮辋按结构特点，可分为_____、_____和_____三种。

⑥ 轮胎的作用：_____

_____。

⑦ 轮胎按胎体结构分为_____和_____。

⑧ 轮胎按胎面花纹分为_____、_____和_____。

⑨ 轮胎按工作气压分为：$0.5 \sim 0.7$MPa_____；$0.15 \sim 0.45$MPa_____；0.15MPa 以下_____。

⑩ 普通斜交轮胎特点：_____。

⑪ 子午线轮胎特点：_____。

⑫ 国际标准的轮胎规格由_____、_____、_____、_____、_____、_____组成。

⑬ 汽车轮胎的宽度一般有_____、_____、_____等规格。

⑭ 高扁平比的轮胎特点：_____。

⑮ 低扁平比的轮胎特点：_____。

⑯ 轮胎负荷指数指_____。

⑰ _____大小会影响车辆的驾驶质感和平稳性。

二、制订计划

1. 小组分工

操作员		记录员	
安全员		评价员	

2. 制定内容
① 轮胎检查：_____。
② 轮胎换位：_____

_____
_____。

三、计划实施

图示	操作内容
气门嘴位置	

续表

图示	操作内容
 手动拉尺	

 205/55R16	
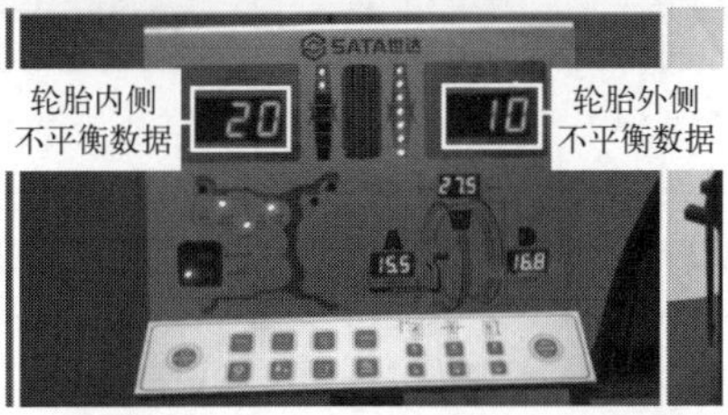 轮胎内侧不平衡数据 20 10 轮胎外侧不平衡数据	
 10	

续表

图示	操作内容
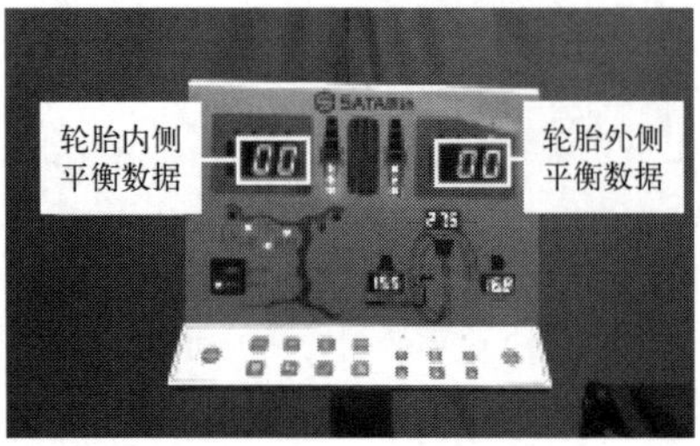 轮胎内侧平衡数据　轮胎外侧平衡数据	

四、恢复场地

作业图例	作业内容	完成情况	
	关闭车辆启动开关	□是	□否
	收起并整理防护四件套	□是	□否
	关闭测量平台一体机	□是	□否
	关闭测量平台电源开关	□是	□否
	清洁并整理测量平台	□是	□否
	清洁防护用具并归位	□是	□否
	清洁整理仪器设备与工具	□是	□否
	清洁实训场地	□是	□否
	收起安全警示牌	□是	□否
	收起安全围挡	□是	□否

五、总结评价

① 请写出学习过程中的收获和遇到的问题。

_____

_____

_____

_____

_____

_____

_____。

② 根据实训要求进行自我评价。

_____

_____

_____

_____

_____

_____。

六、考核鉴定表 【评分细则参照"1+X"标准】

任务：新能源汽车车轮与轮胎检查			实习日期：			
姓名：		班级：	学号：		导师签字：	
自评：□熟练 □不熟练		互评：□熟练 □不熟练	师评：□合格 □不合格			
日期：		日期：	日期：			
序号	评分项	得分条件	配分	评分要求	自评	互评	师评
1	安全/7S/态度	□1. 能进行工位 7S 操作。 □2. 能进行设备和工具安全检查 □3. 能进行车辆安全防护操作 □4. 能进行工具清洁、校准、存放操作 □5. 能进行三不落地操作	15	未完成1项扣3分，扣分不得超15分	□熟练 □不熟练	□熟练 □不熟练	□合格 □不合格

续表

序号	评分项	得分条件	配分	评分要求	自评	互评	师评
2	专业技能能力	作业：车轮与轮胎的检查保养 □1. 能正确完成轮胎基本检查（前后） □2. 能正确完成车轮的检查（前后） □3. 能正确完成轮胎的拆卸 □4. 能正确完成轮胎的换位 □5. 能正确使用扒胎机 □6. 能正确使用动平衡机 □7. 能正确完成轮胎的修补	35	未完成1项扣5分，扣分不得超35分	□熟练 □不熟练	□熟练 □不熟练	□合格 □不合格
3	工具及设备的使用能力	□1. 能正确选用维修工具 □2. 能正确使用维修工具 □3. 能正确使用举升机 □4. 能正确使用扒胎机 □5. 能正确使用动平衡机	25	未完成1项扣5分，扣分不得超25分	□熟练 □不熟练	□熟练 □不熟练	□合格 □不合格
4	资料、信息查询能力	□1. 能正确使用维修手册查询资料 □2. 能正确使用用户手册查询资料 □3. 能在规定时间内查询到所需资料	10	未完成1项扣2分，扣分不得超10分	□熟练 □不熟练	□熟练 □不熟练	□合格 □不合格
5	数据判读和分析能力	□1. 能判断车轮平衡状态是否正常 □2. 能判断轮胎磨损程度是否正常	10	未完成1项扣5分，扣分不得超10分	□熟练 □不熟练	□熟练 □不熟练	□合格 □不合格
6	表单填写与报告撰写能力	□1. 能正确记录所需维修信息 □2. 字迹清晰 □3. 语句通顺 □4. 无错别字 □5. 无涂改	5	未完成1项扣1分，扣分不得超5分	□熟练 □不熟练	□熟练 □不熟练	□合格 □不合格
总分			100				

七、考核报告表

汽车职业技能等级实操考核项目。

任务：新能源汽车车轮与轮胎检查			实习日期：		
姓名：	班级：		学号：		导师签字：

一、车辆信息记录

品牌		整车型号		生产年月	
车辆识别码 VIN		车辆里程		电量显示	

二、车轮与轮胎的检查保养流程

操作步骤	操作情况	异常情况
安全防护准备	正常完成□ 异常□	
轮胎气压的检查	正常完成□ 异常□	
轮胎型号的检查	正常完成□ 异常□	
轮胎胎面和胎壁检查	正常完成□ 异常□	
车轮轴承的检查	正常完成□ 异常□	
轮胎磨损的检查	正常完成□ 异常□	
车轮的检查	正常完成□ 异常□	
车上轮胎的拆卸	正常完成□ 异常□	
轮胎的换位安装	正常完成□ 异常□	
扒胎机的使用	正常完成□ 异常□	

三、功能验证

整车车轮和轮胎是否正常	正常□ 不正常□